BRUGGE IN DE VERF
BRUGES EN PEINTURE
PAINTED BRUGES

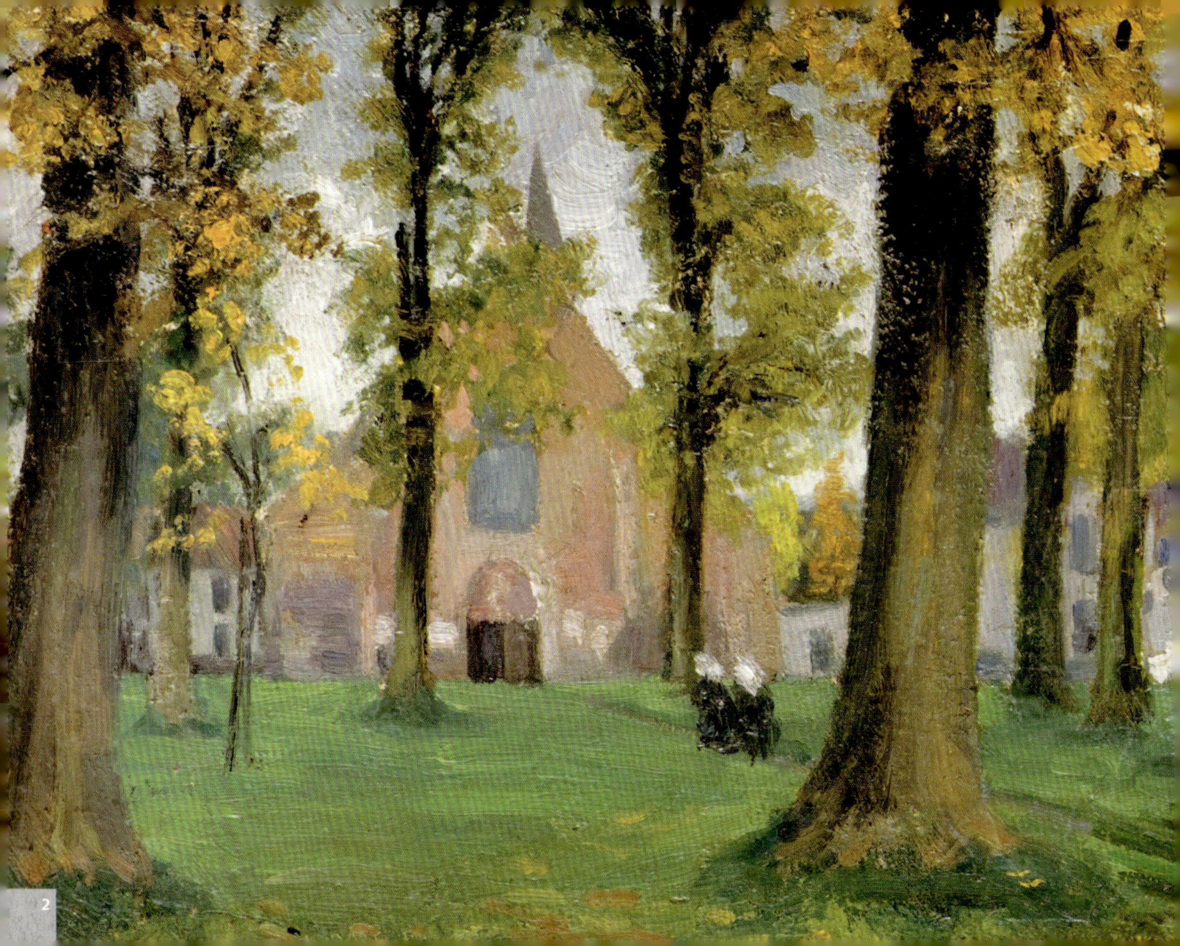

2

BRUGGE IN DE VERF
19de- en 20ste-eeuwse herinneringen

BRUGES EN PEINTURE
souvenirs des XIXe et XXe siècles

PAINTED BRUGES
19th and 20th-century memories

UWG Musea Brugge

Uitgaven West-Vlaamse Gidsenkring Brugge
in samenwerking met Musea Brugge

Uitgaven West-Vlaamse Gidsenkring Brugge
en collaboration avec Musea Brugge

Uitgaven West-Vlaamse Gidsenkring Brugge
in collaboration with Musea Brugge

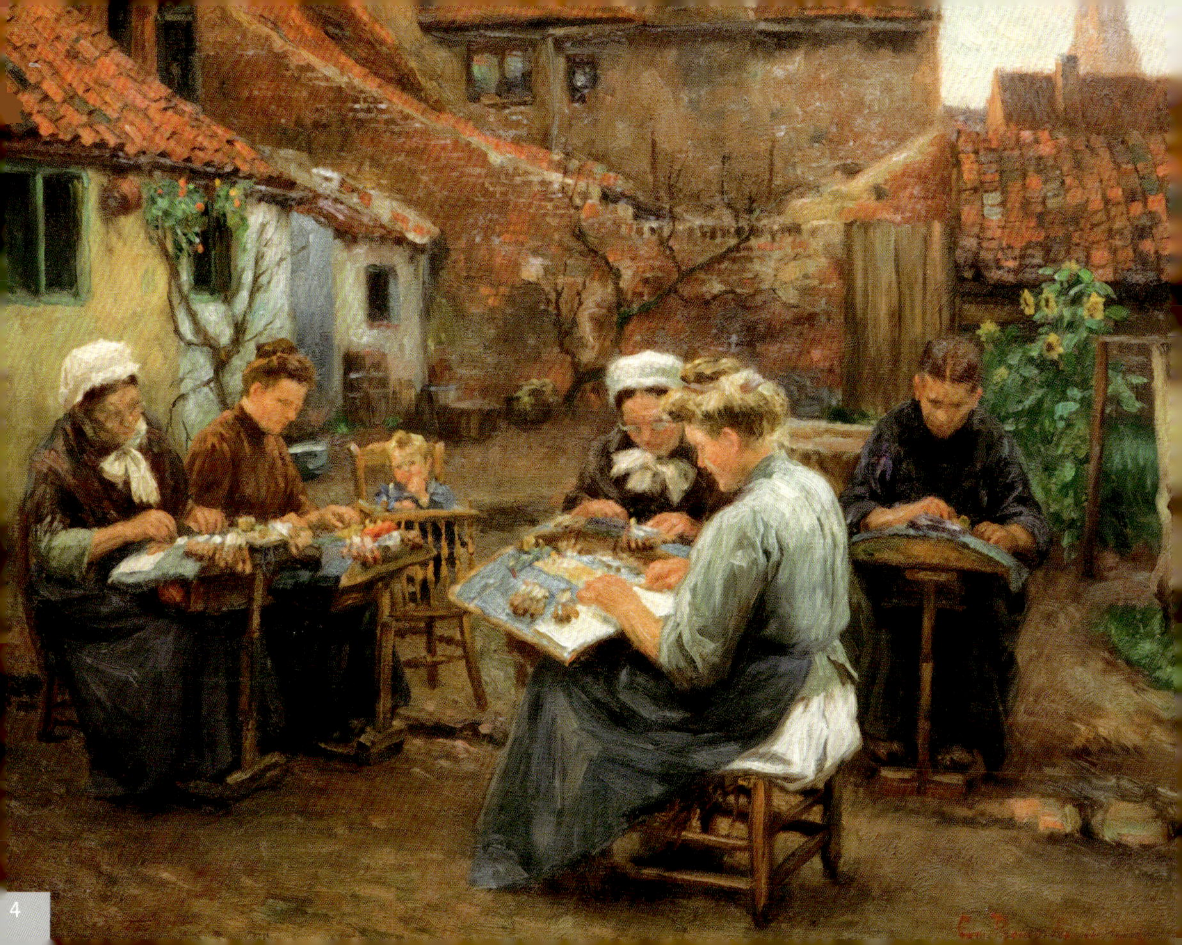

4

Tijdens de 19de eeuw wordt het beeld gecreëerd van Brugge als een intact bewaarde middeleeuwse stad. De Bruggelingen willen de middeleeuwse luister volop laten herleven. Anderen daarentegen voelen in Brugge vooral vergane glorie.
Het zijn voornamelijk symbolistische schilders als Fernand Khnopff en Henri Le Sidaner die een beeld neerzetten van een ingeslapen en verlaten stad.

Het pittoreske karakter van de stad trekt de aandacht van het opkomende toerisme.
De belangstelling voor Brugge groeit ook elders in Europa.
De recente uitvinding van de fotografie speelt hierin een belangrijke rol.
De nostalgische sfeer in Brugge spreekt ook kunstenaars, schrijvers en historici aan, die er inspiratie vinden voor hun werk.

De schilders in de 19de eeuw, zoals Antoine Joostens, Lambert Noos en Edgar Wallays, houden zich aan een correcte weergave van de stad.
Na de eeuwwisseling ontstaat in Brugge, onder invloed van Academiedirecteur Florimond Van Acker, een schildersbeweging die de Brugse School wordt genoemd.
De rode draad in de schilderijen, prenten en tekeningen van deze kunstenaars is de sfeervolle weergave van de stad en haar bewoners.
In vele Brugse huiskamers zijn deze werken vandaag nog steeds te vinden.

Voor 'Brugge in de verf' put het Bruggemuseum uit de collectie Musea Brugge, met werken die focussen op het romantische en schilderachtige Brugge.

L'image de ville médiévale impeccablement préservée naît à Bruges au XIXe siècle, du fait de certains Brugeois désireux de redonner vie à son lustre d'antan. D'autres, par contre, dont principalement des peintres symbolistes tels Fernand Khnopff et Henri Le Sidaner, voient surtout dans Bruges la splendeur révolue et rendent l'image d'une ville endormie et désolée.

Le caractère pittoresque de la ville attire l'attention du tourisme naissant. L'intérêt pour Bruges grandit aussi ailleurs en Europe, et la récente invention de la photographie n'y est pas étrangère. L'ambiance nostalgique de Bruges parle aux artistes, aux écrivains et aux historiens, qui y puisent l'inspiration pour leur œuvre.

Les peintres du XIXe siècle, tels Antoine Joostens, Lambert Noos et Edgar Wallays, se contentent de rendre une image correcte de la ville. Au tournant du siècle, sous l'influence du directeur de l'Académie Florimond Van Acker, naît à Bruges un mouvement baptisé la "Brugse School" (École brugeoise). Le rendu de l'ambiance de la ville et de ses habitants constitue le fil rouge de ses peintures, gravures et esquisses. Ces produits artistiques se retrouvent aujourd'hui encore dans bon nombre de salons brugeois.

Pour 'Bruges en peinture', le Bruggemuseum puise dans les collections de la ville, en mettant l'accent sur le Bruges romantique et pittoresque.

It was during the nineteenth century that an image was constructed of Bruges as a medieval city preserved intact. The people of Bruges were enthralled with reviving the city's medieval grandeur.
There were others, however, for whom Bruges suggested an overriding sense of faded glory. The Symbolist painters such as Fernand Khnopff and Henri Le Sidaner were the main proponents of this imagery of a dormant and abandoned city.

The city's picturesque charm made it a centre of interest as the practice of tourism became more popular. Interest in Bruges grew throughout Europe. The invention of photography played a crucial role here.
The nostalgic atmosphere in Bruges also exerted a new appeal for artists, writers and historians, who found it a source of inspiration for their work.

The nineteenth-century artists, such as Antoine Joostens, Lambert Noos and Edgar Wallays devoted themselves strictly to an accurate depiction of the city itself.
After the turn of the century, however, a movement of painters arose in Bruges under the influence of academy director Florimond Van Acker that became known as the Bruges school.
Their paintings, graphic work and drawings share an evocative depiction of the city and its inhabitants. These are works that can still be found adorning the walls of many Bruges interiors today.

For the exhibition, 'Painted Bruges', the Bruggemuseum has drawn from the municipal collections to focus upon the romantic and picturesque aspects of Bruges.

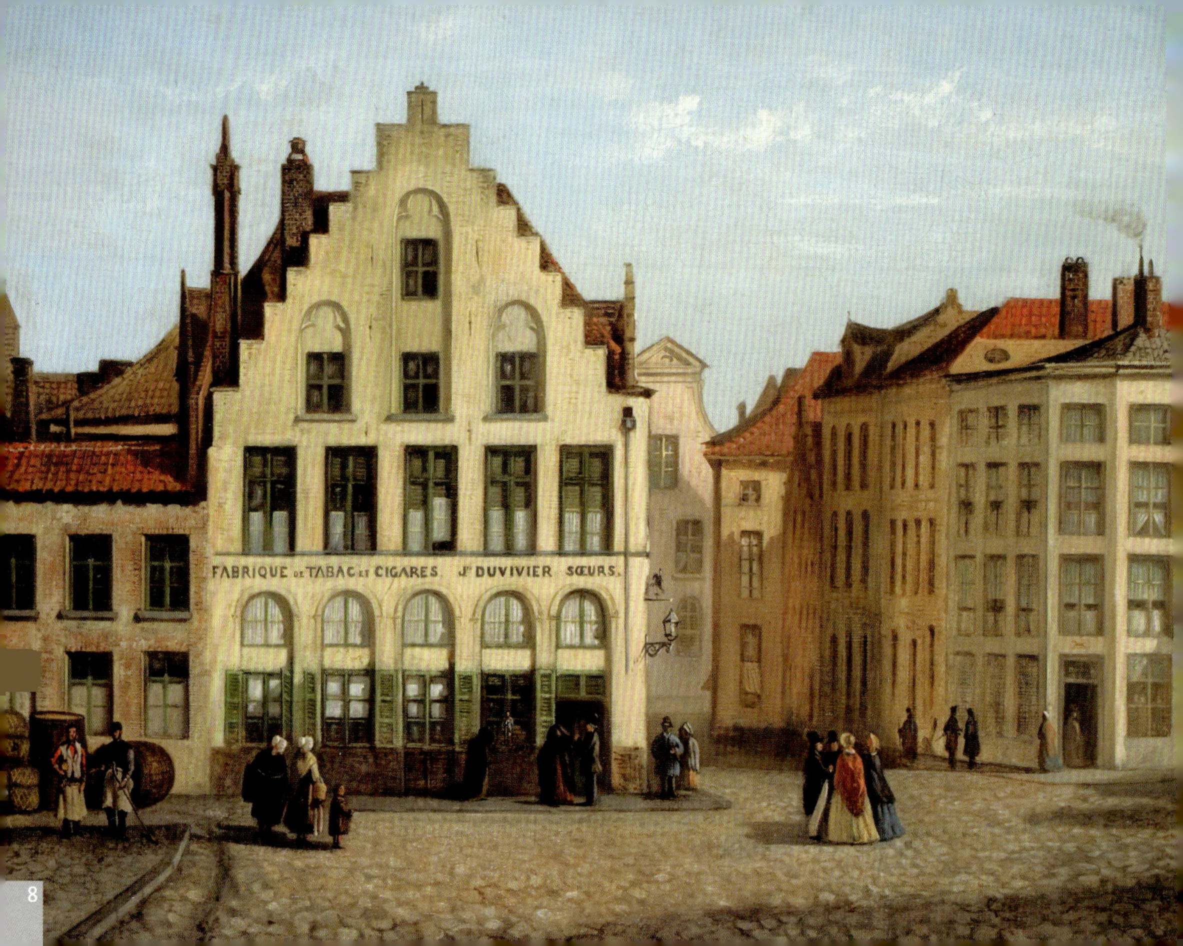
FABRIQUE DE TABAC ET CIGARES J^r DUVIVIER SŒURS

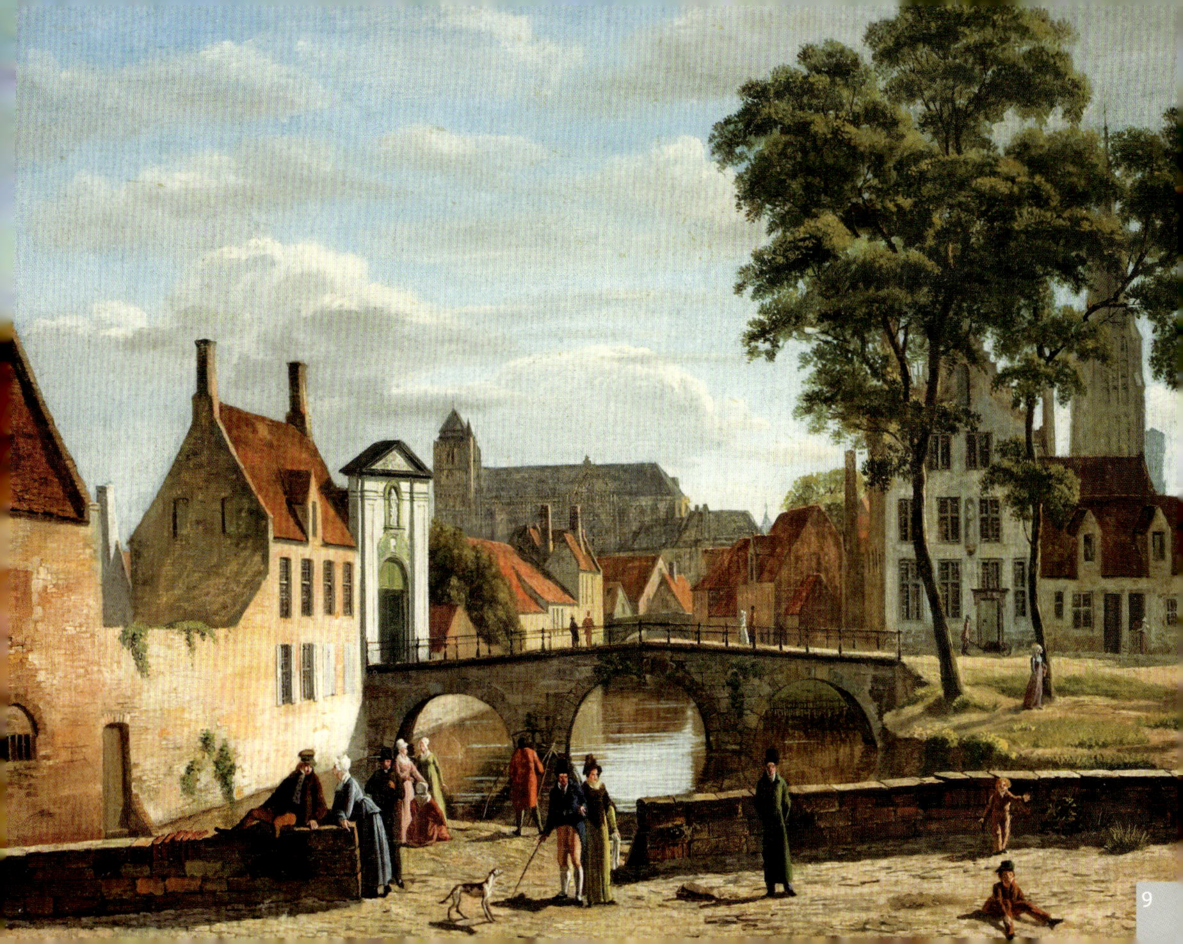

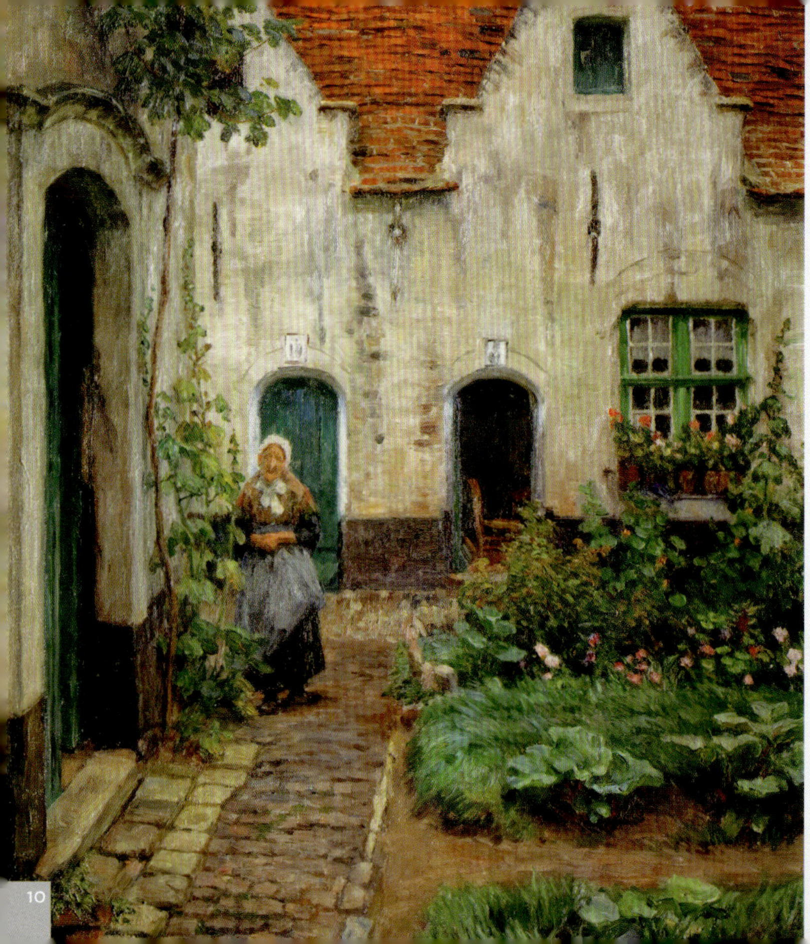

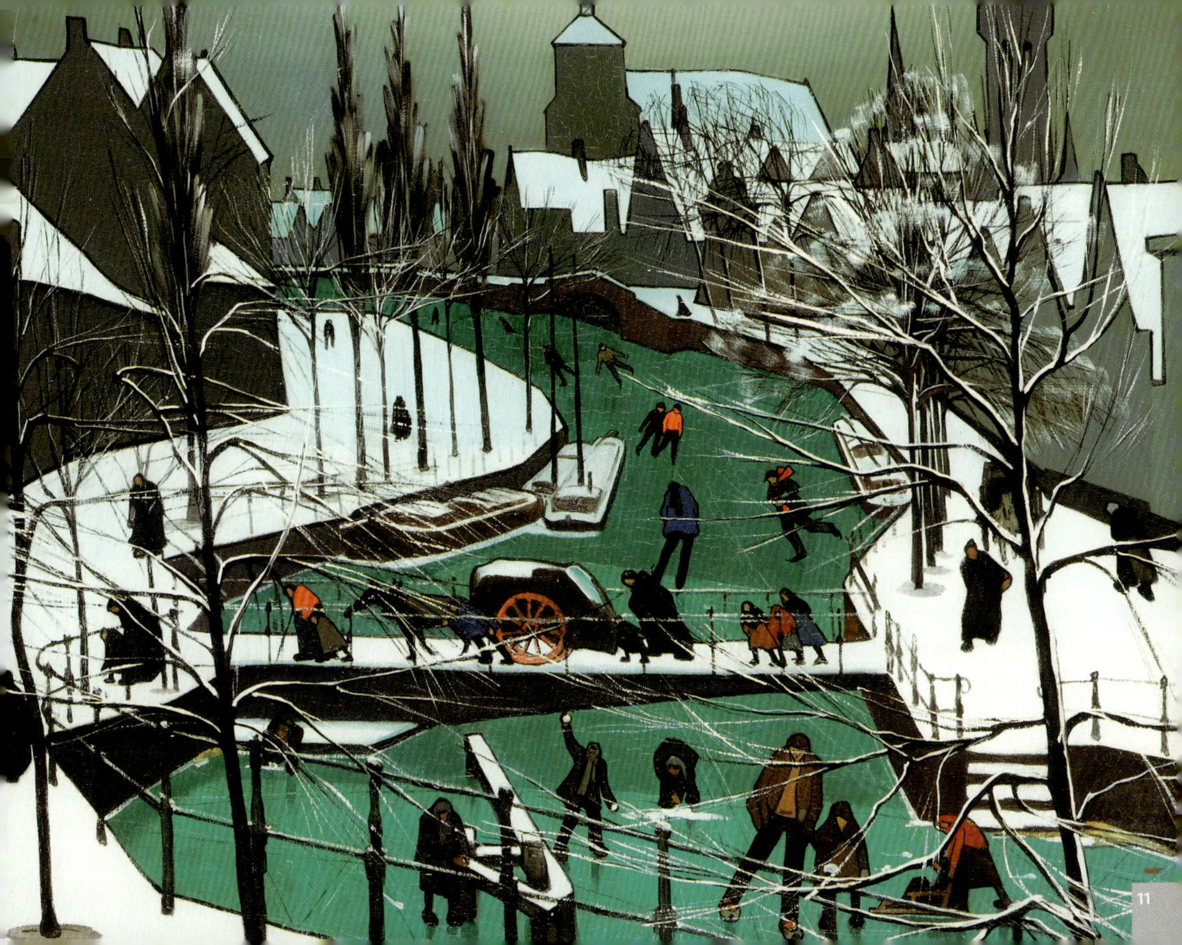

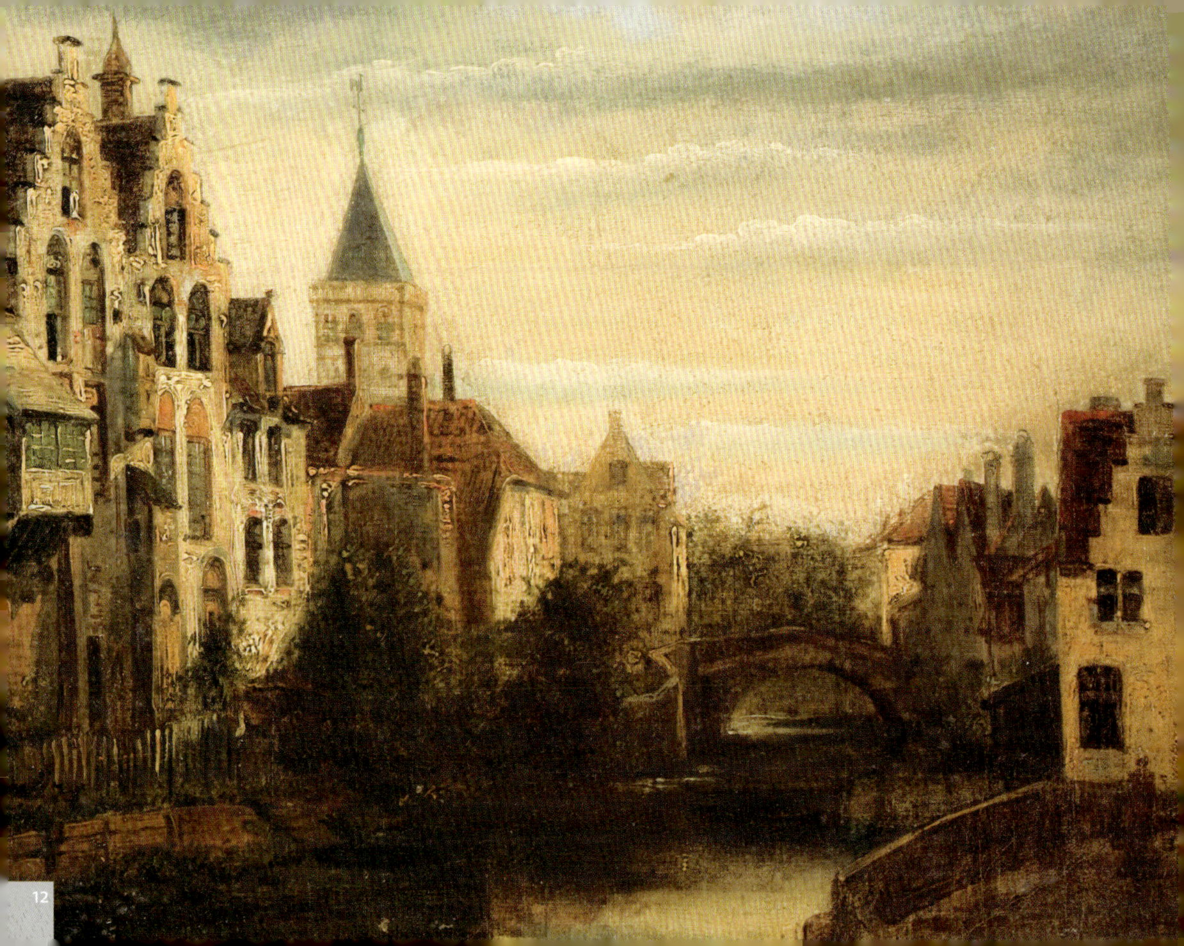

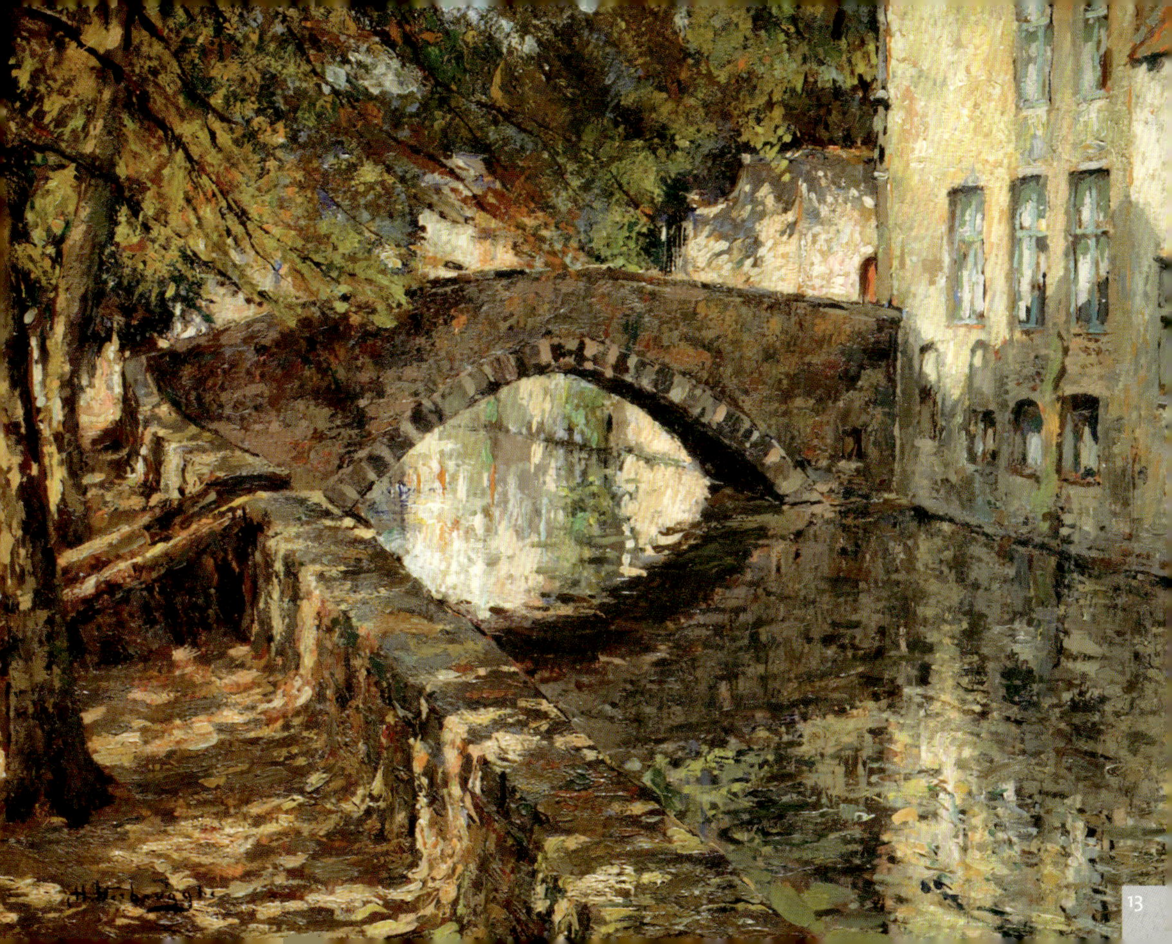

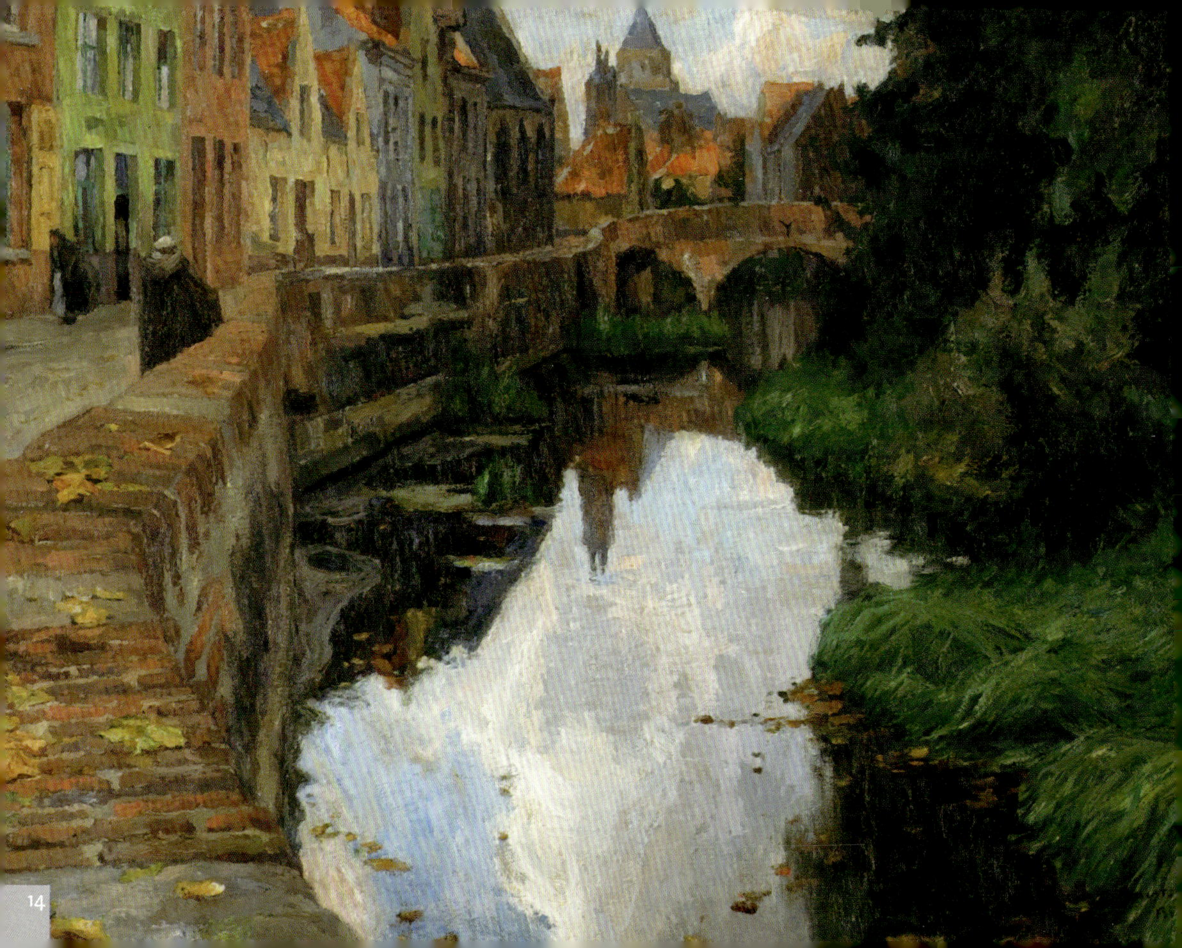

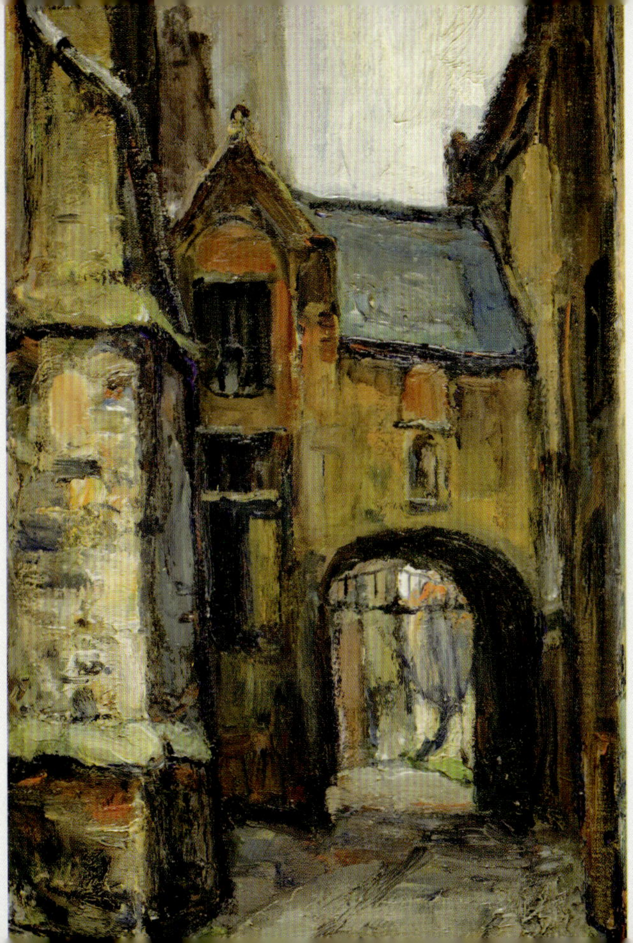

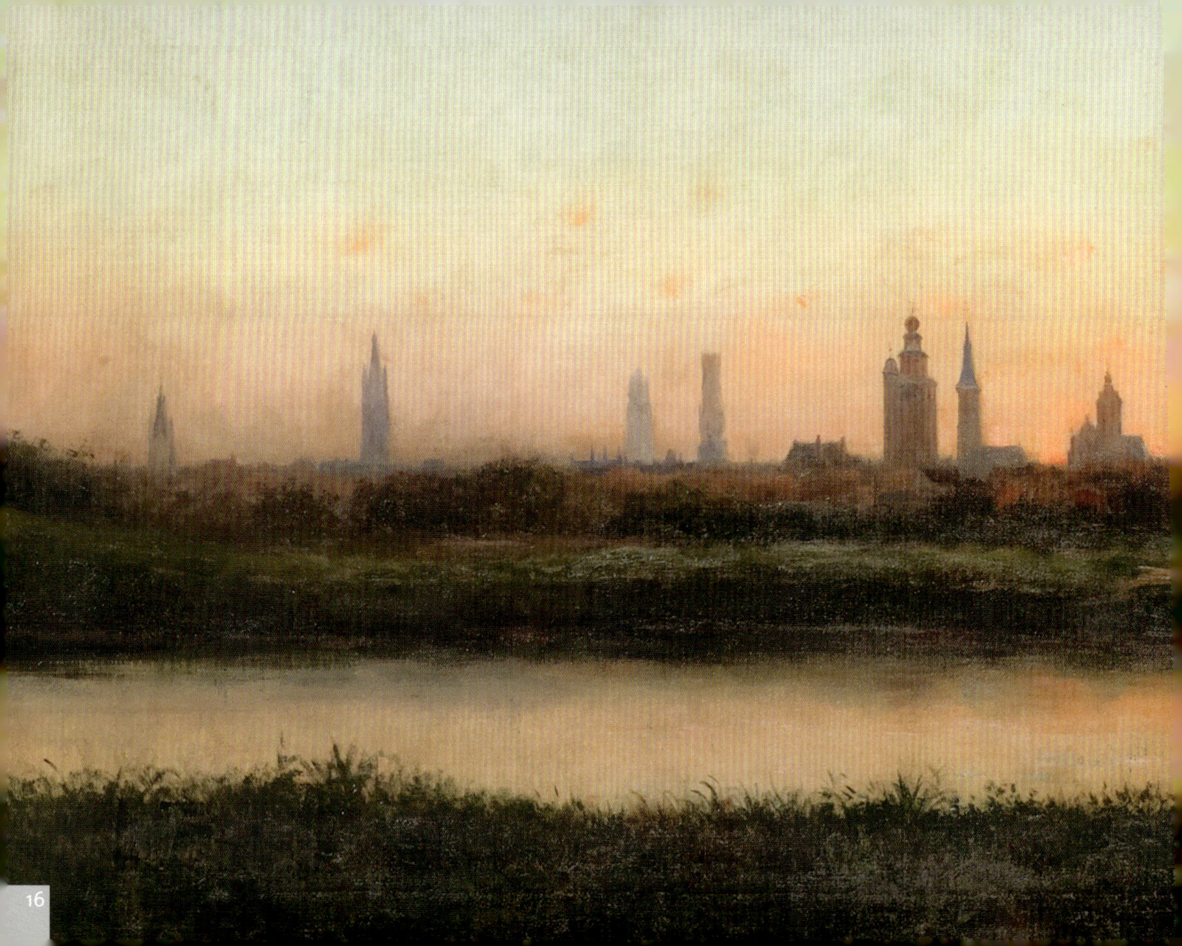

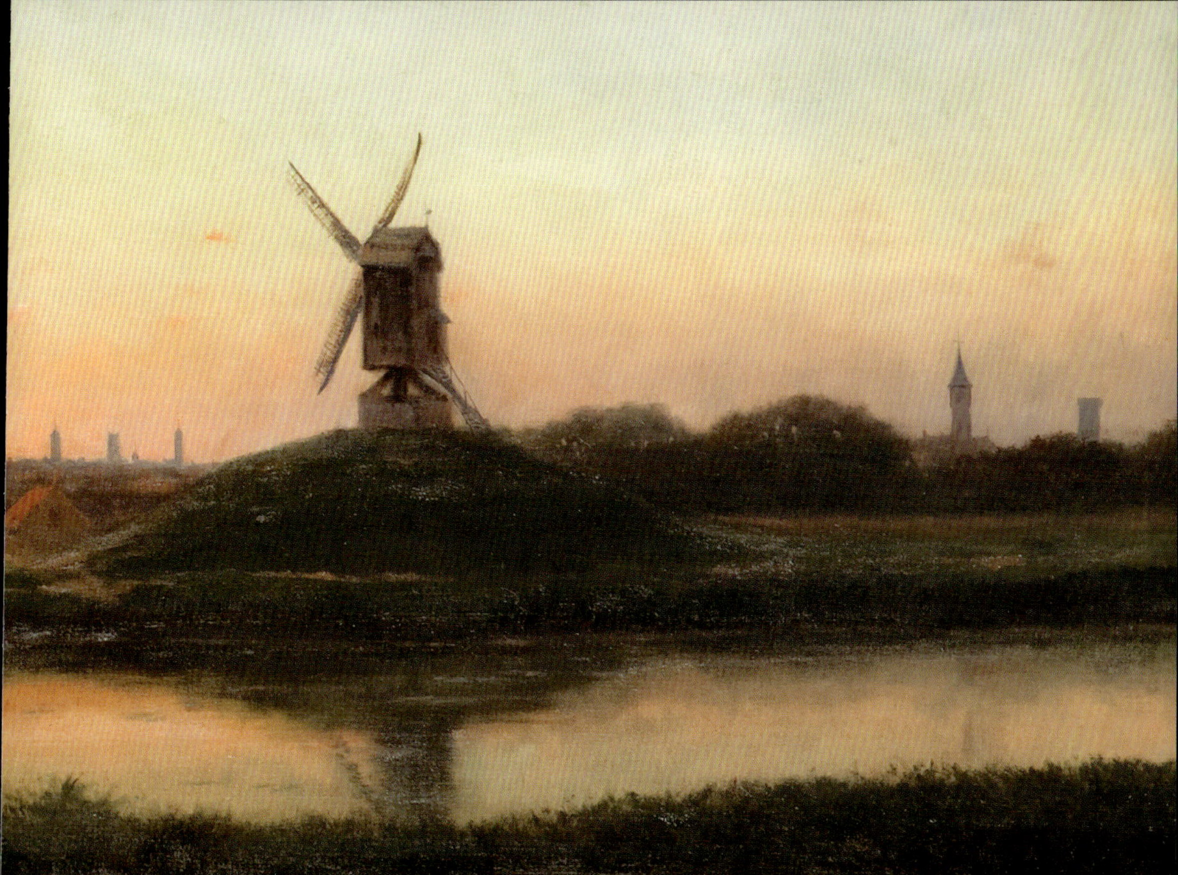

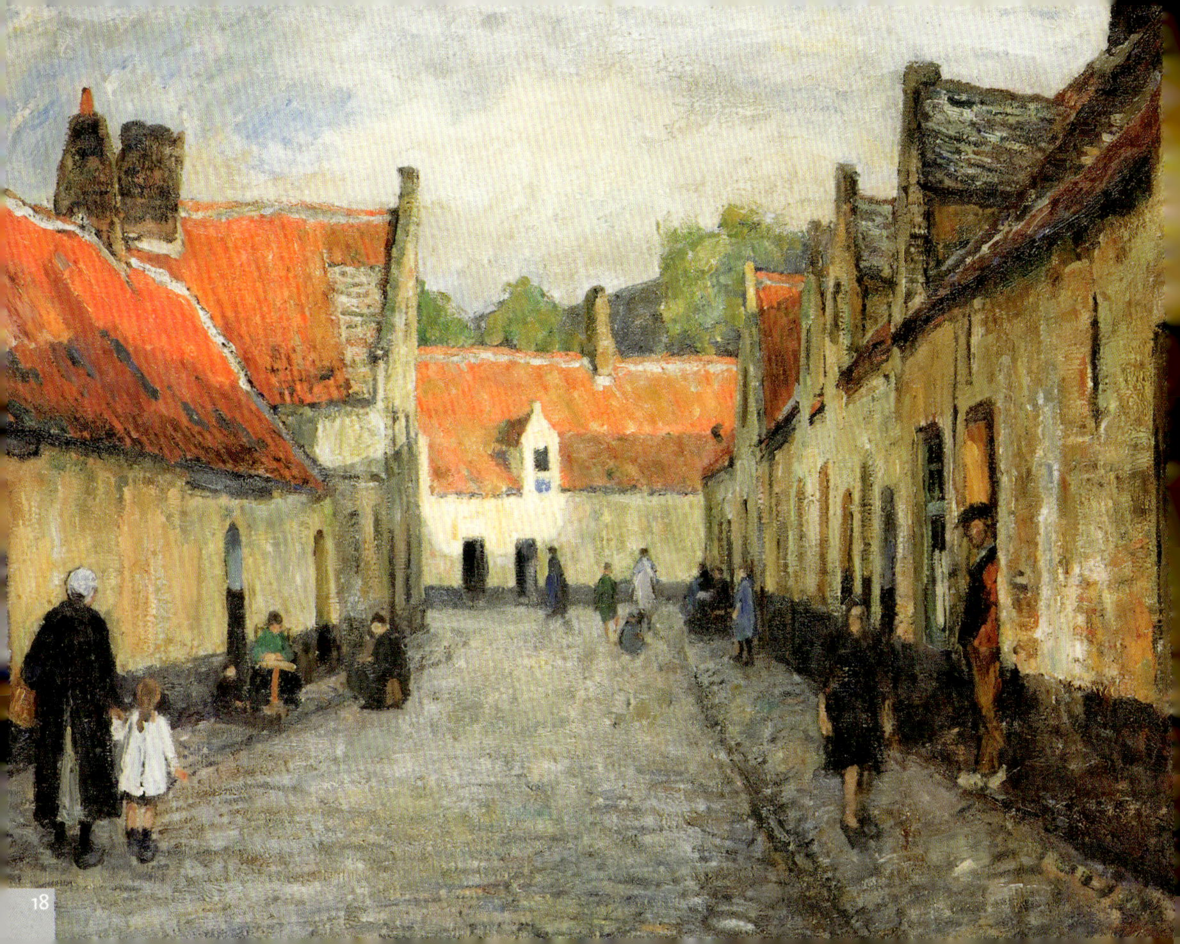

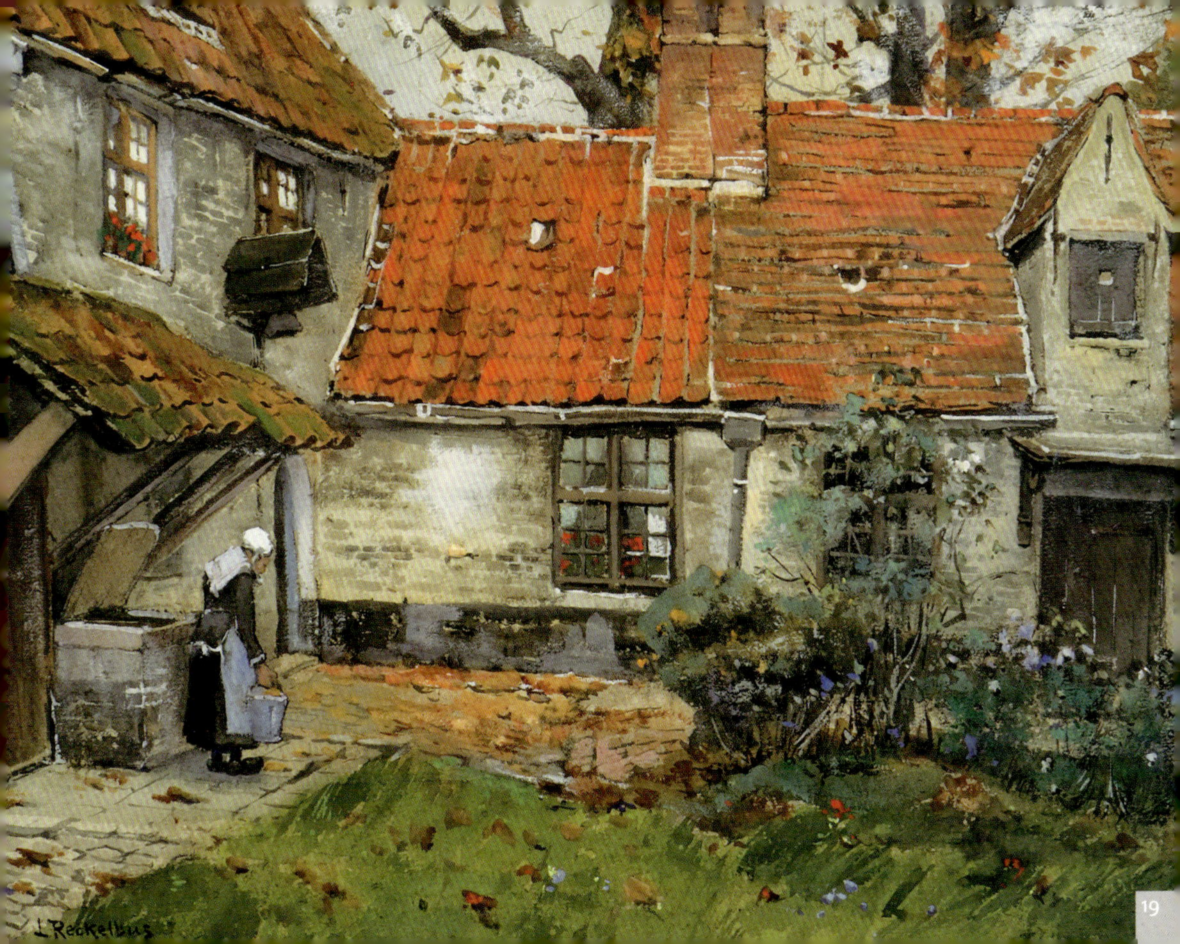
L.Reckelbus

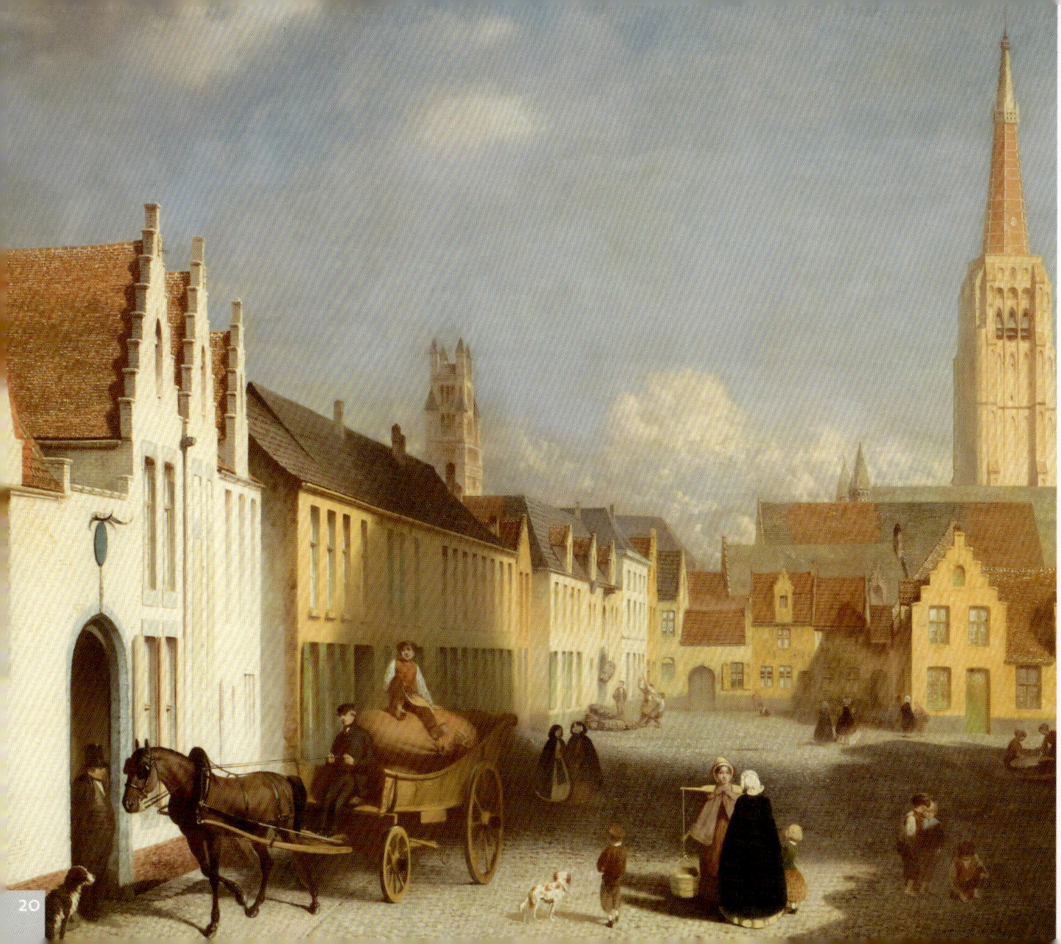

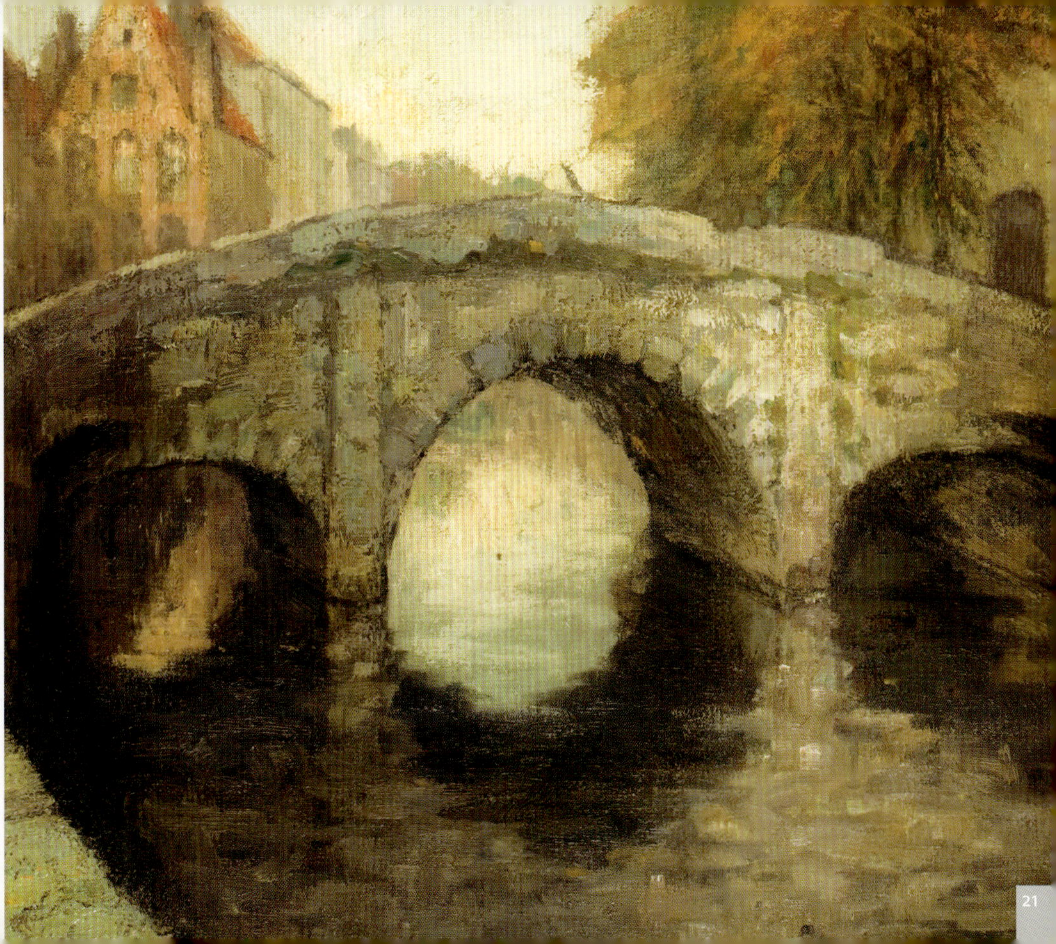

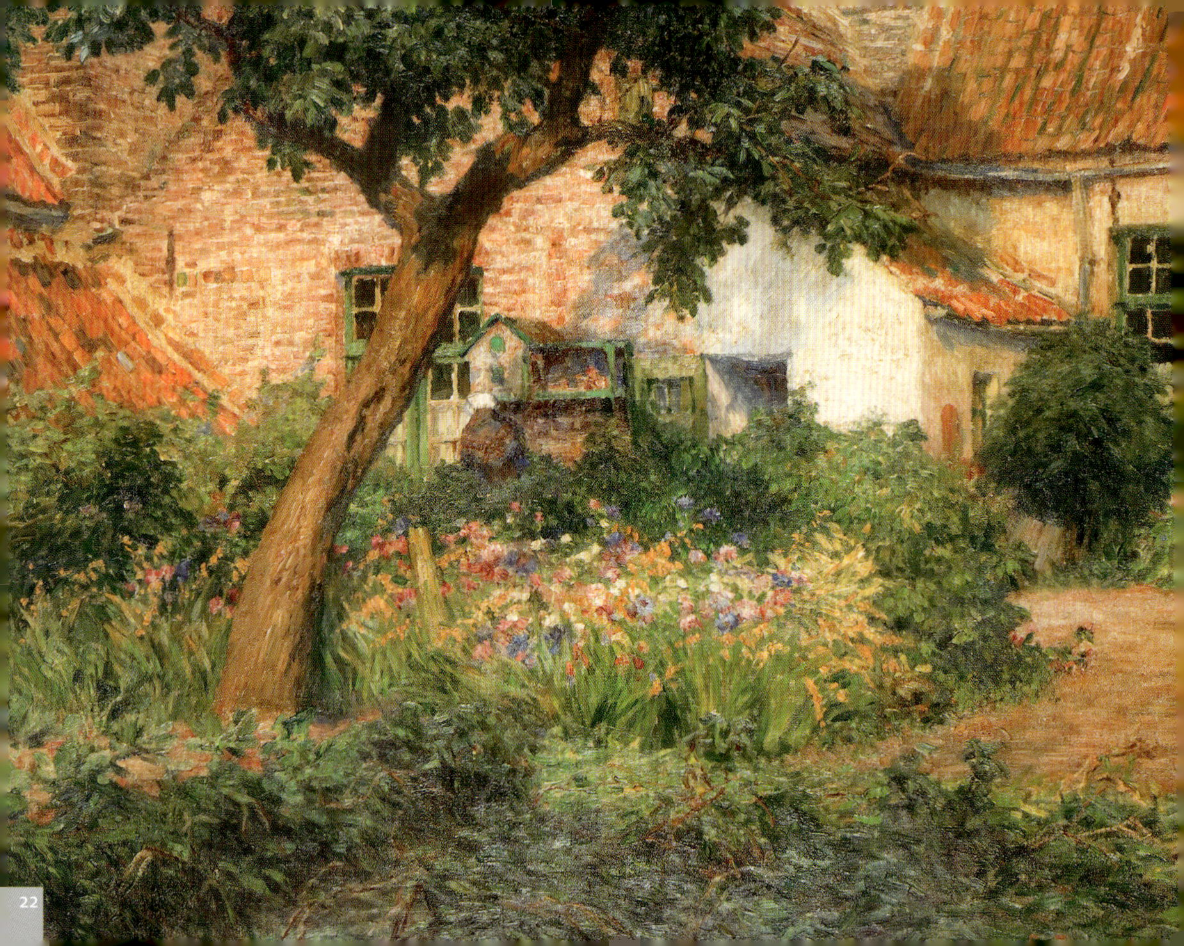

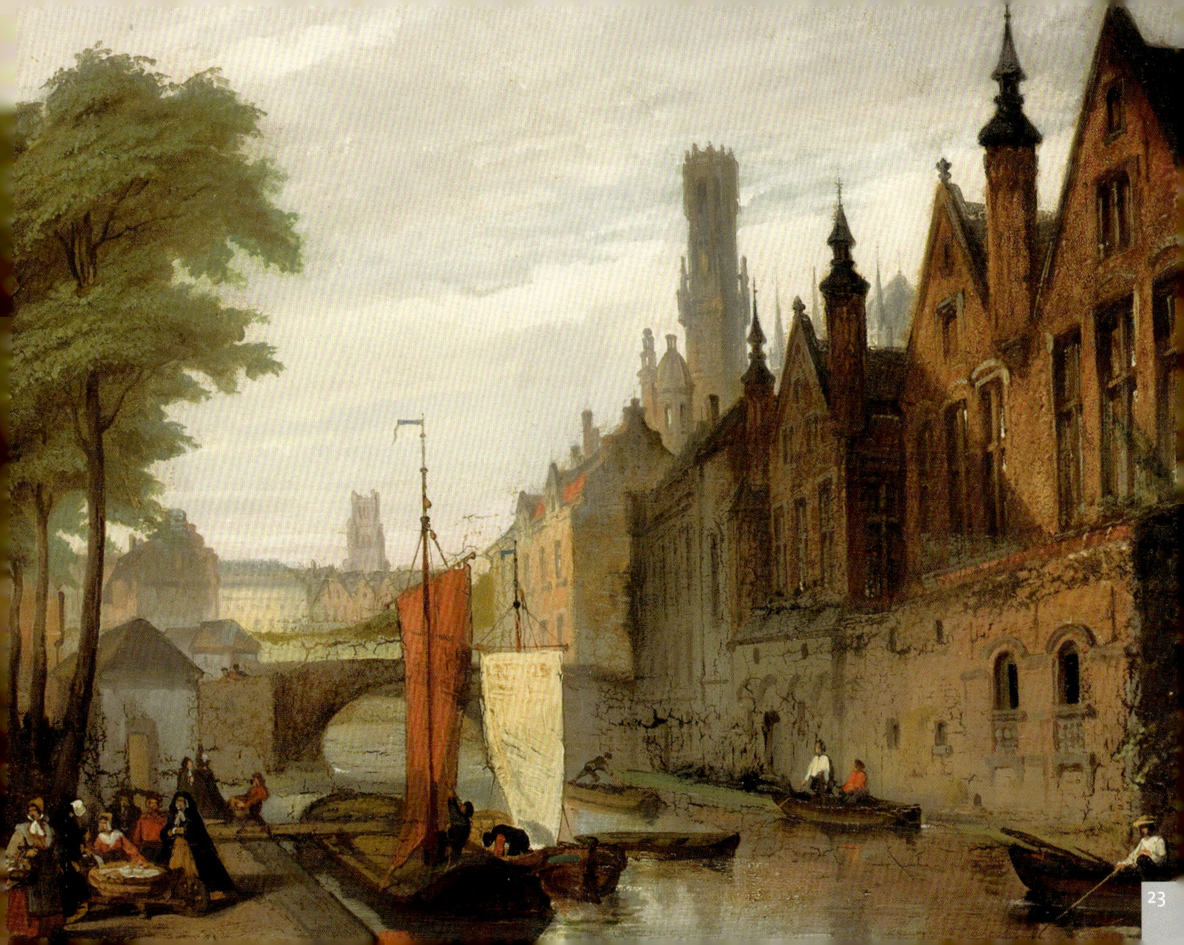

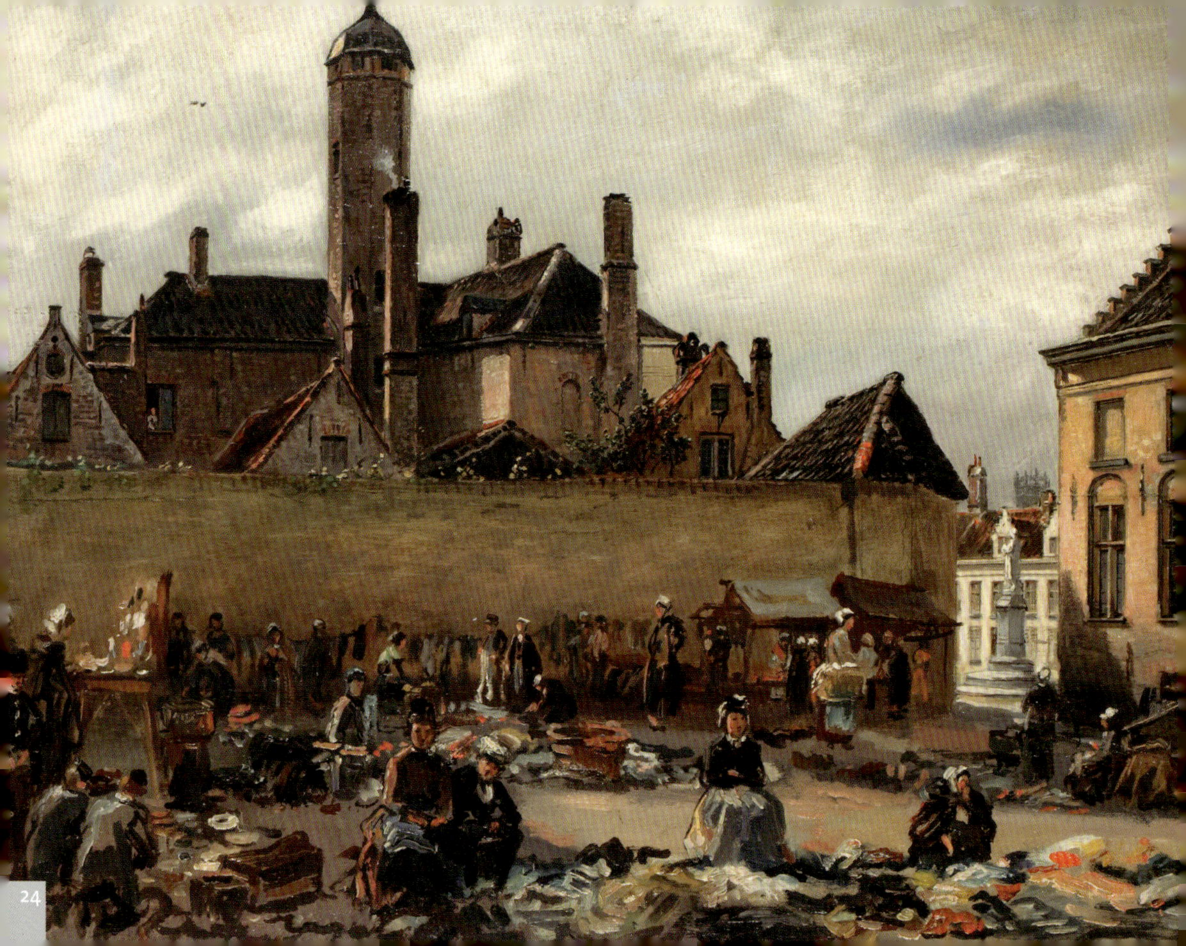

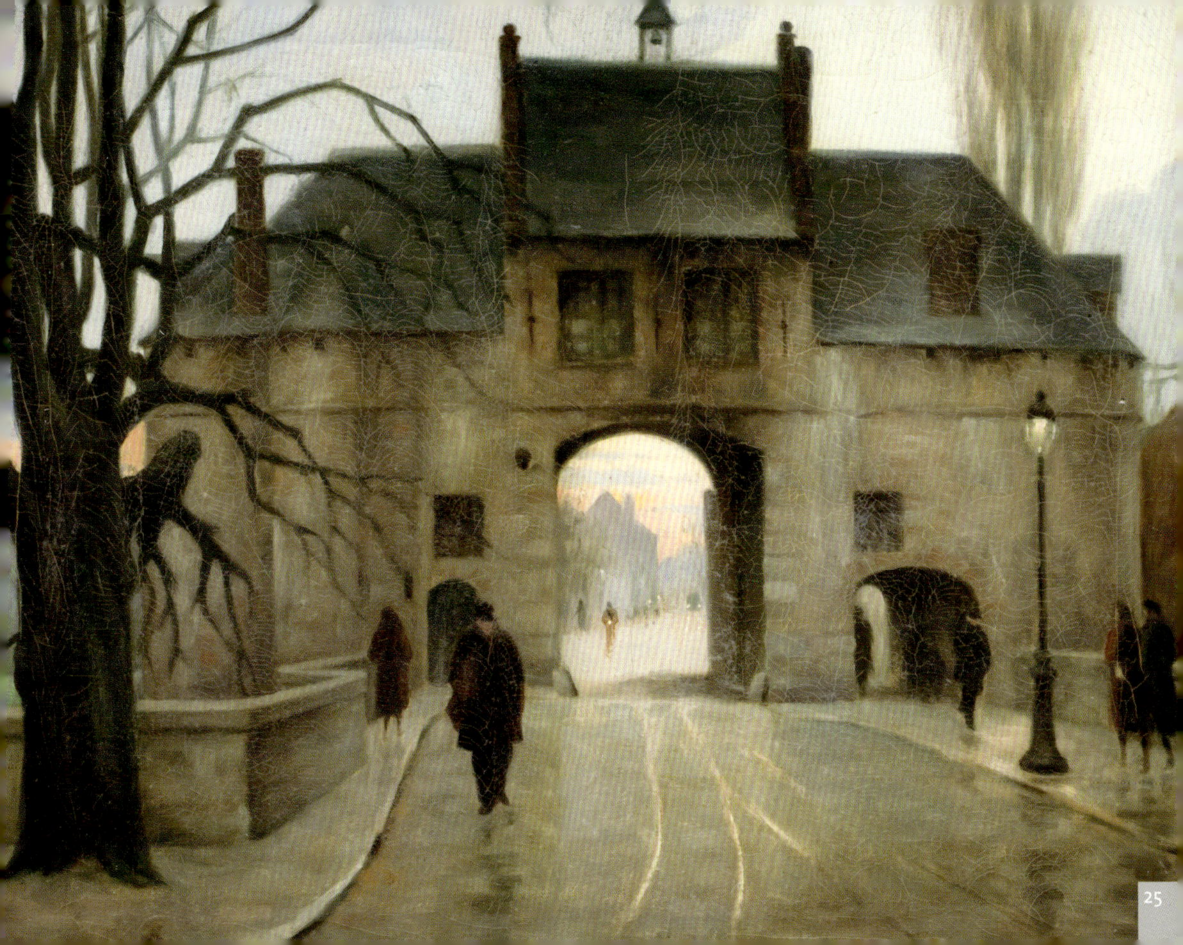

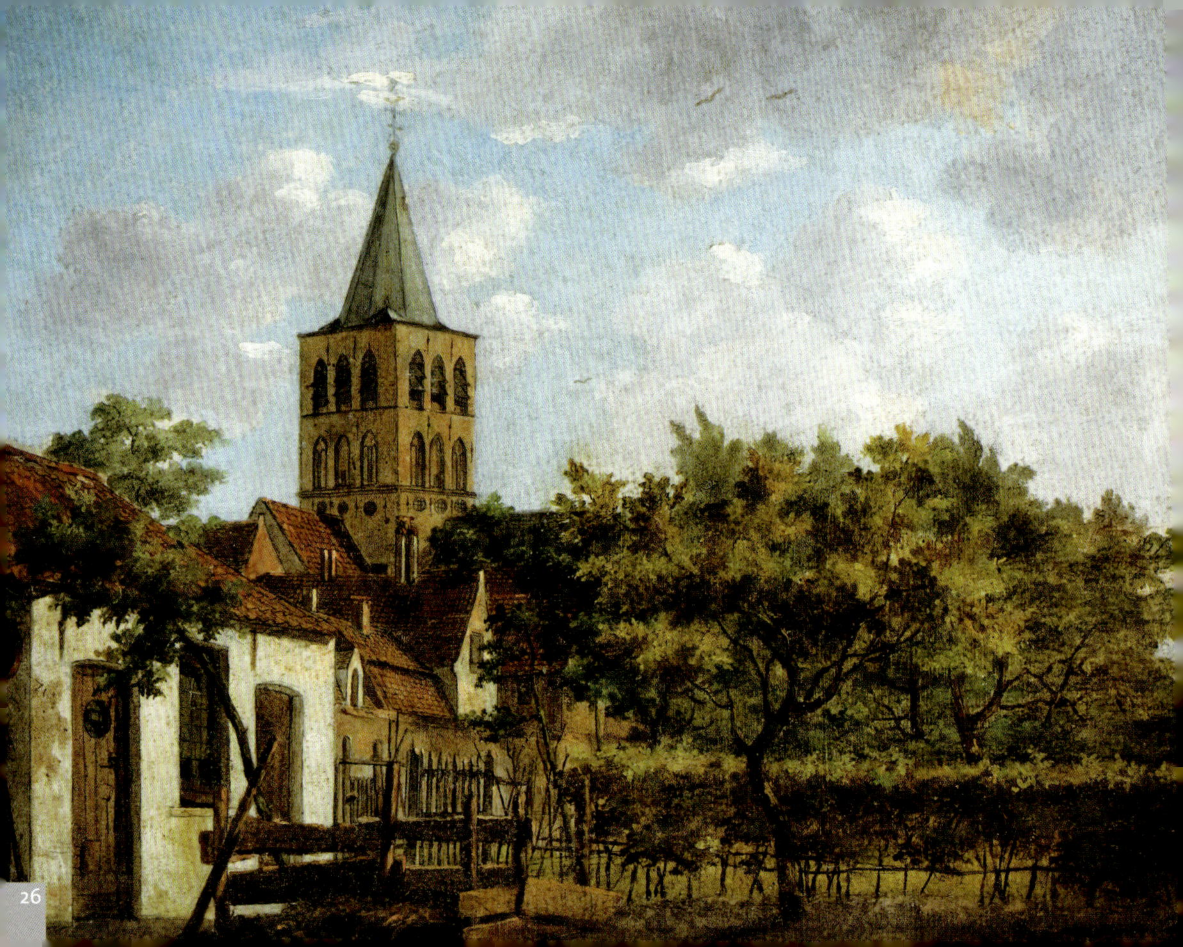

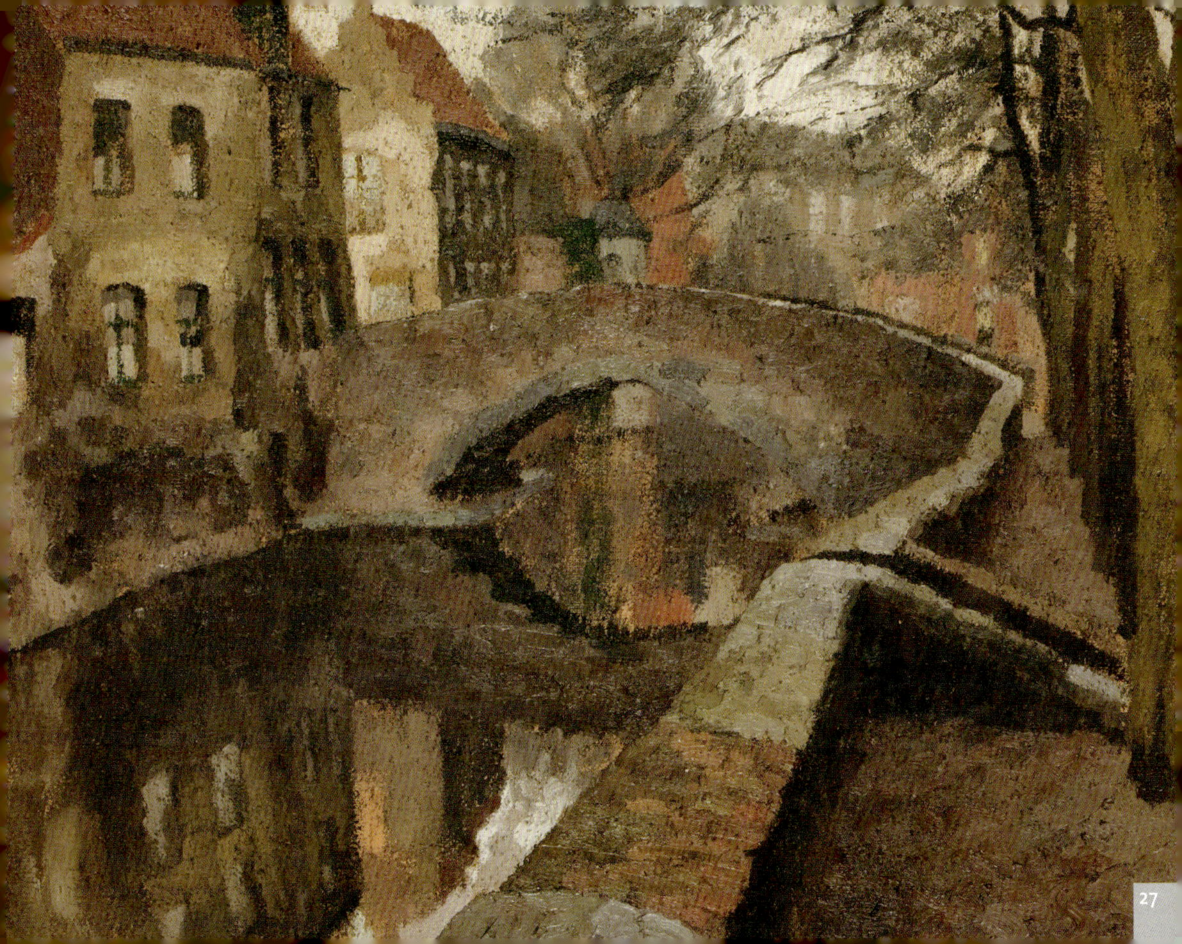

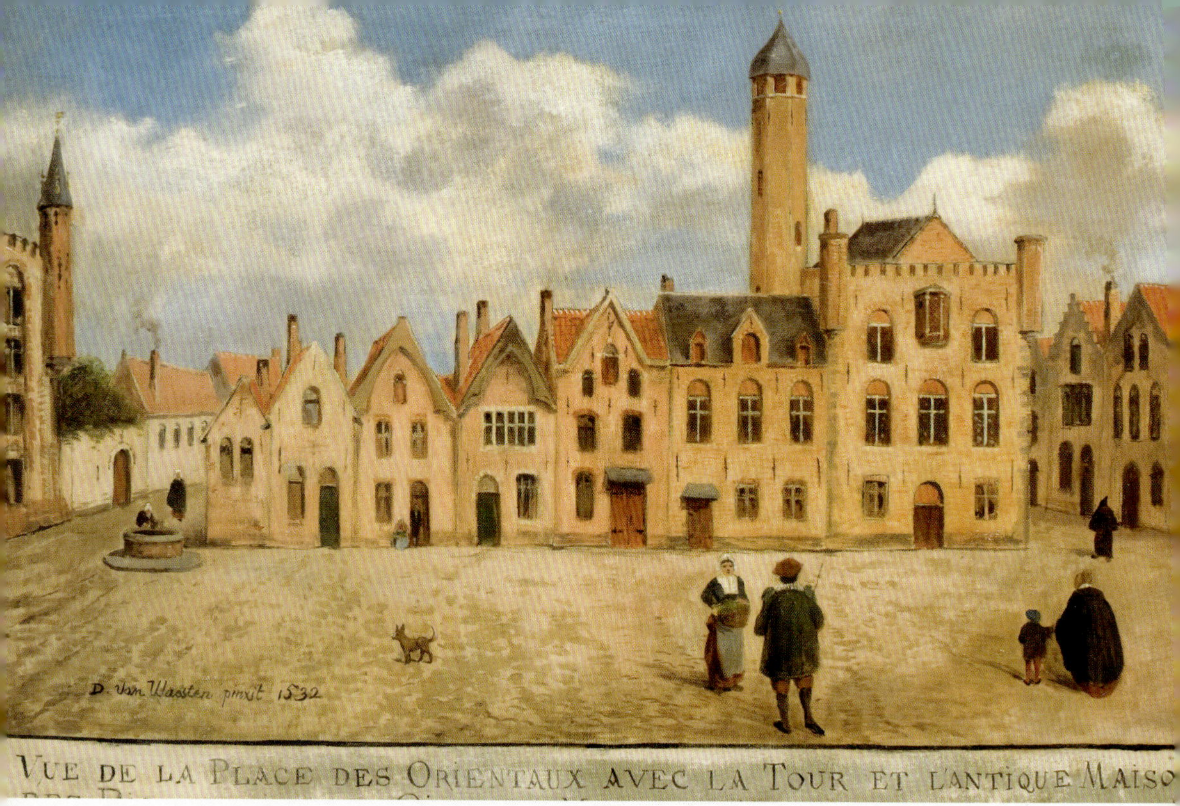
D. Van Waesten pinxit 1532
VUE DE LA PLACE DES ORIENTAUX AVEC LA TOUR ET L'ANTIQUE MAISO

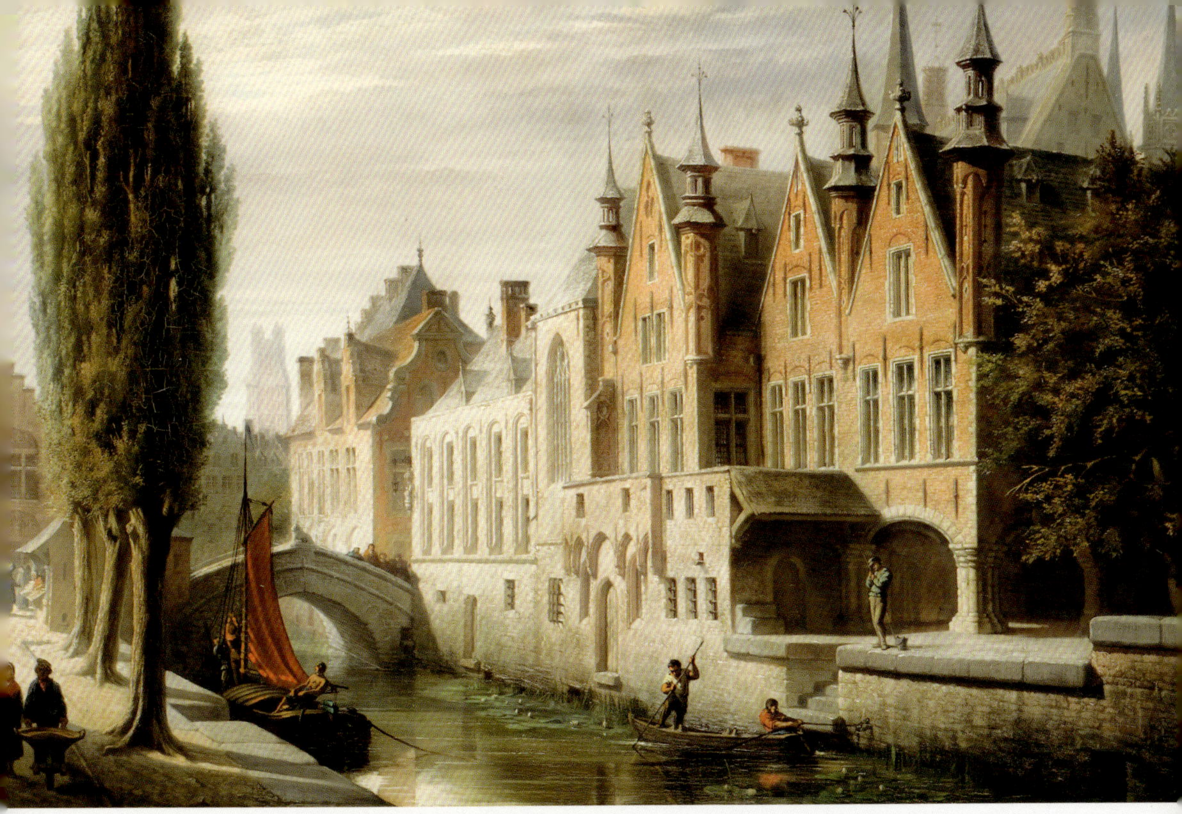

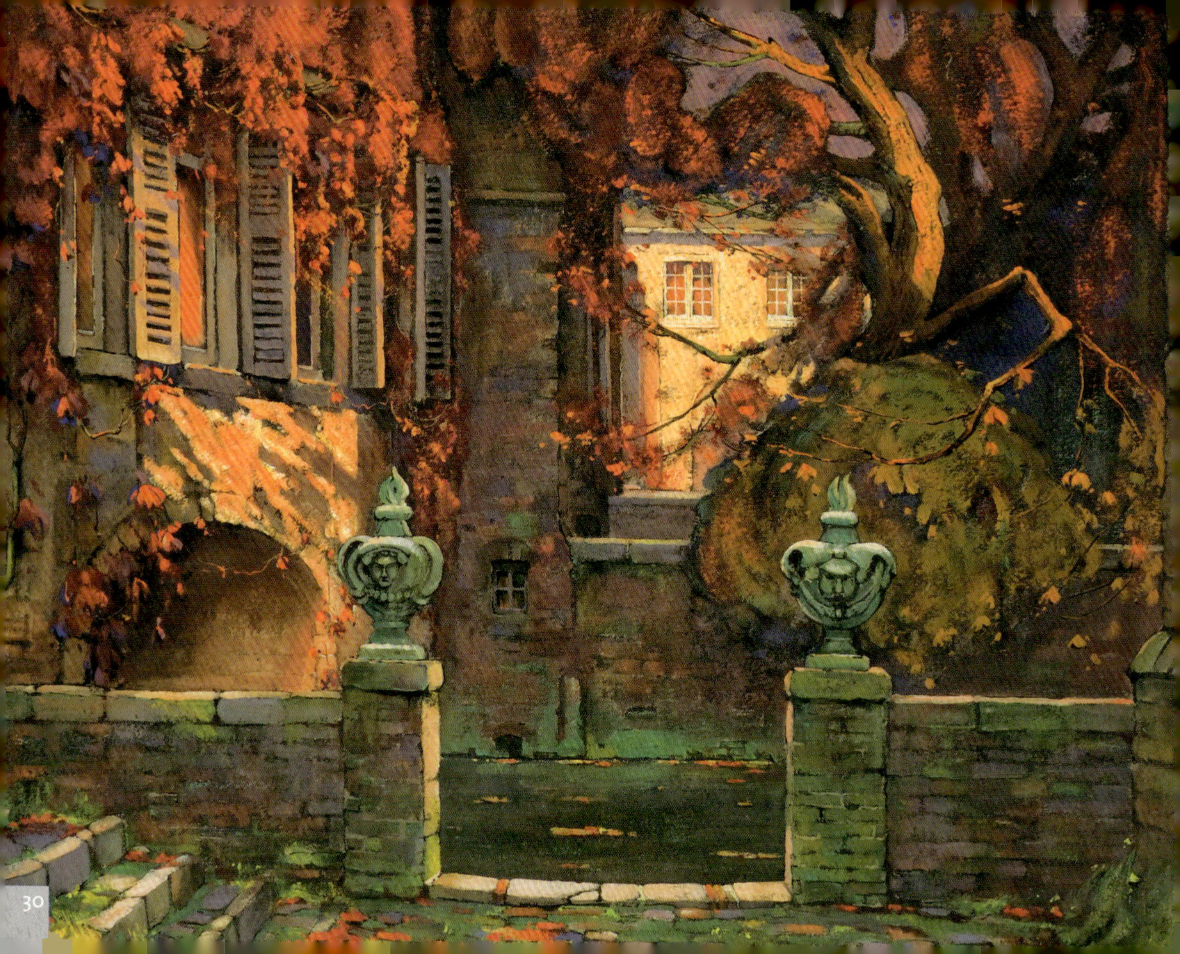

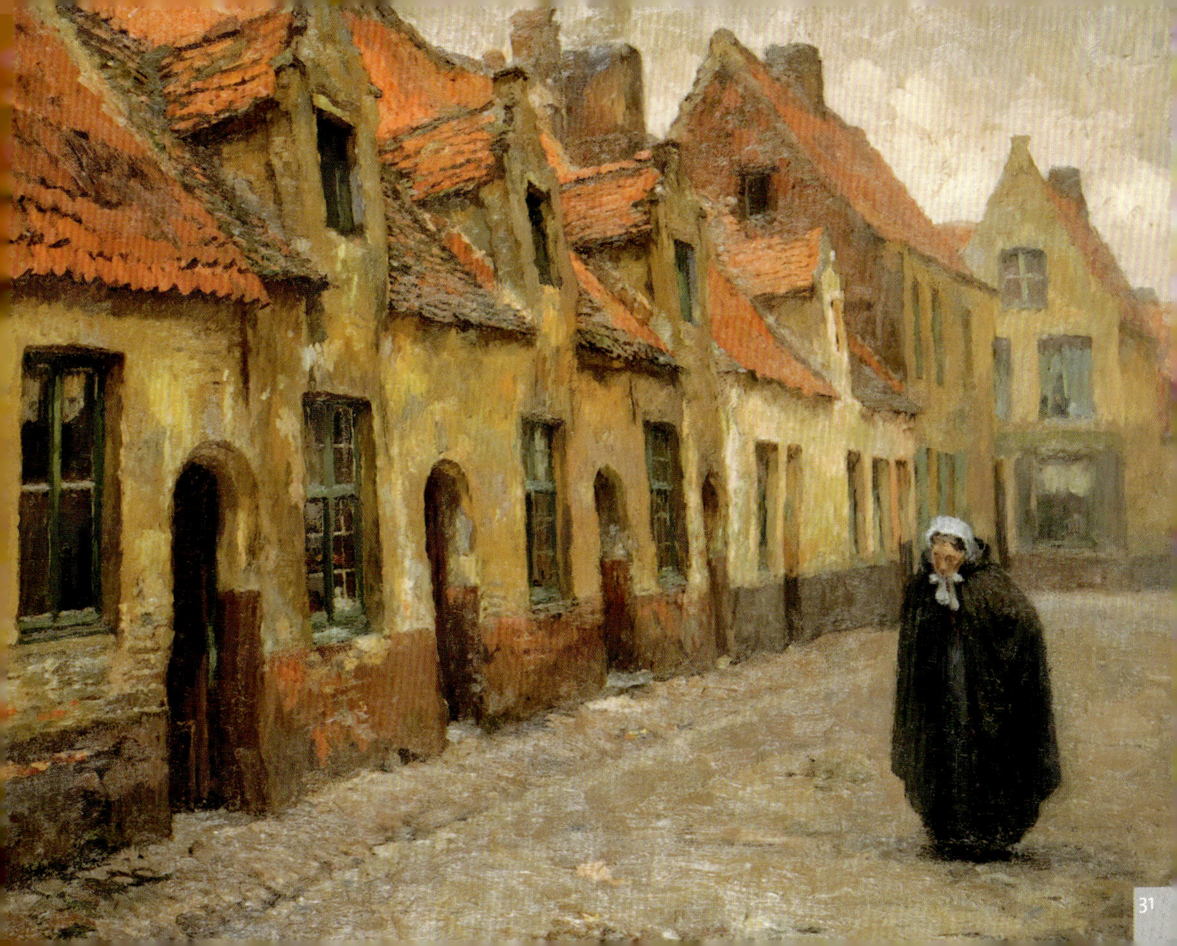

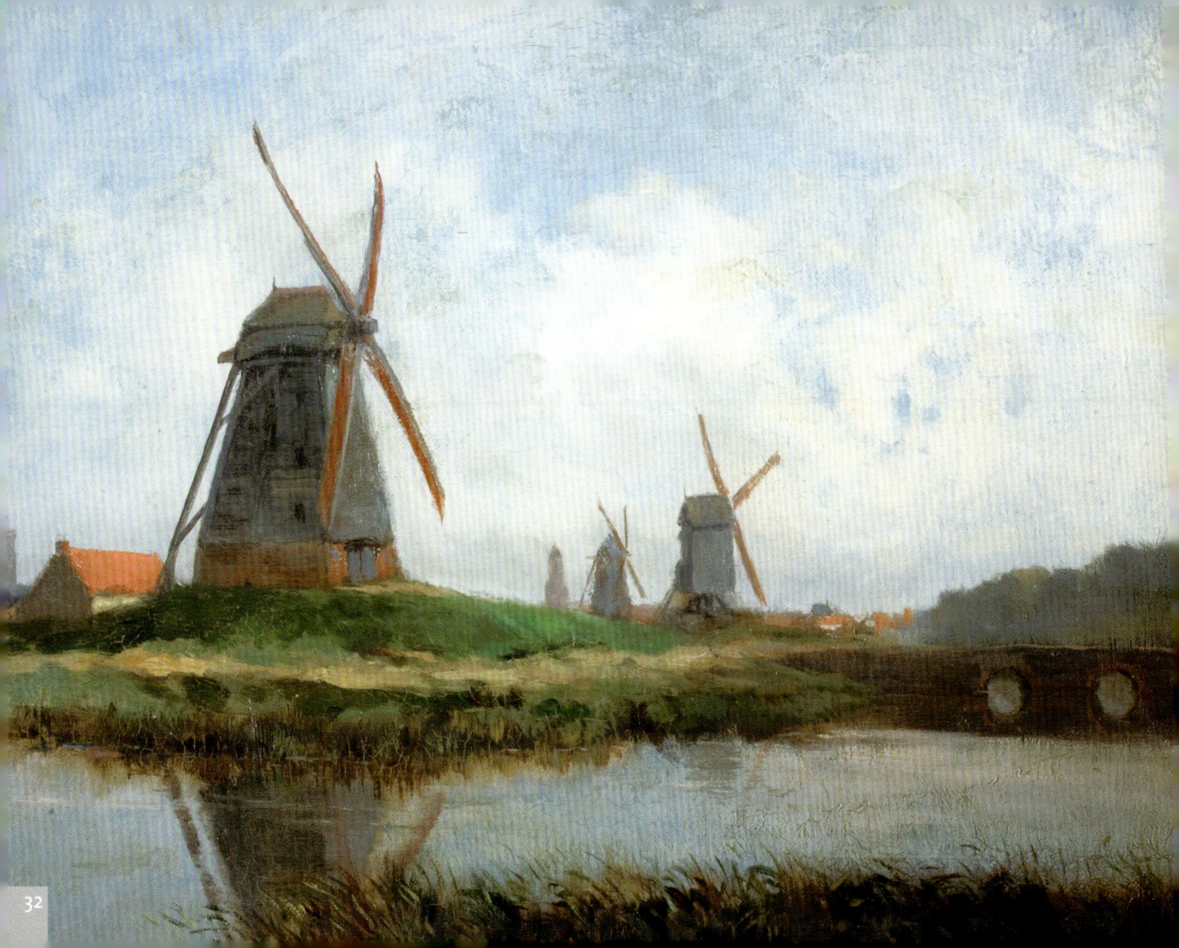

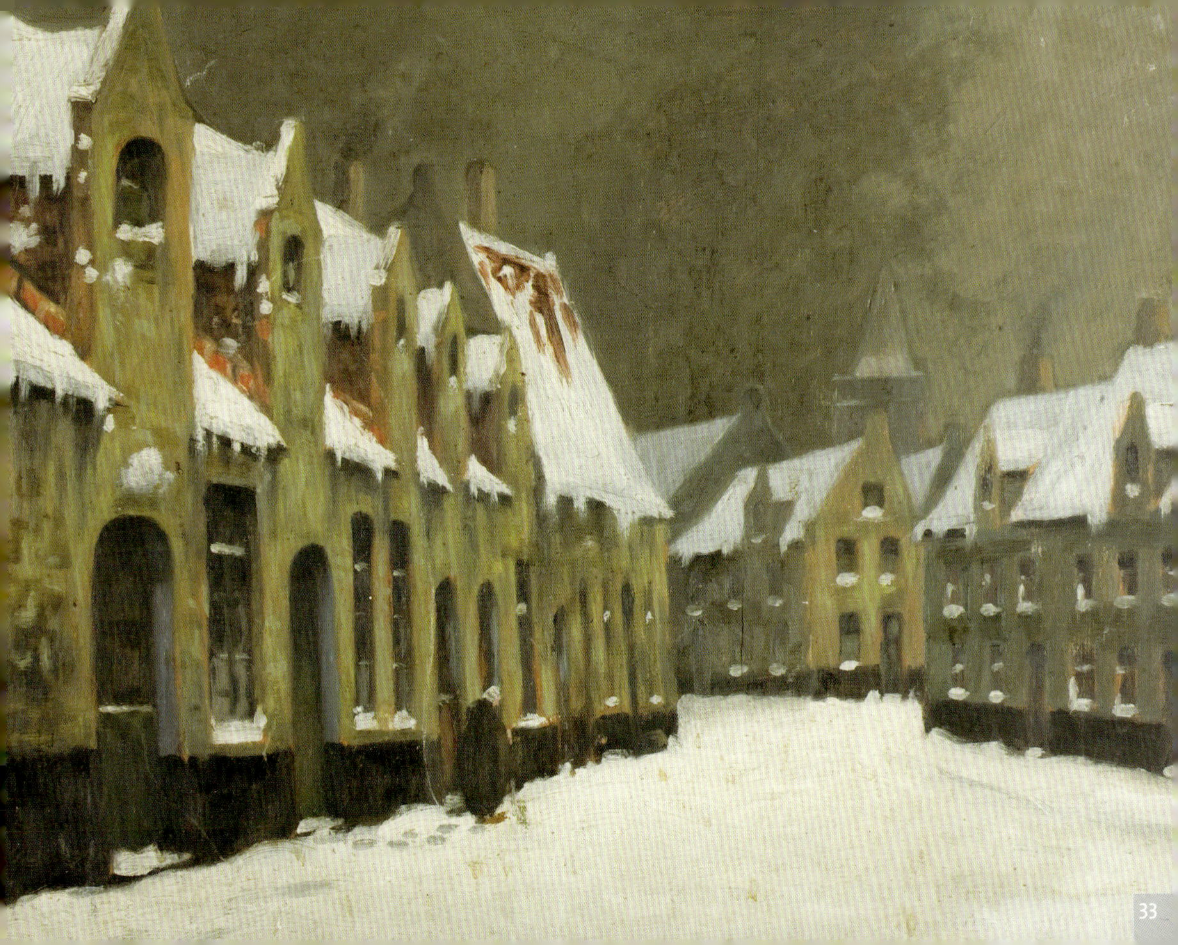

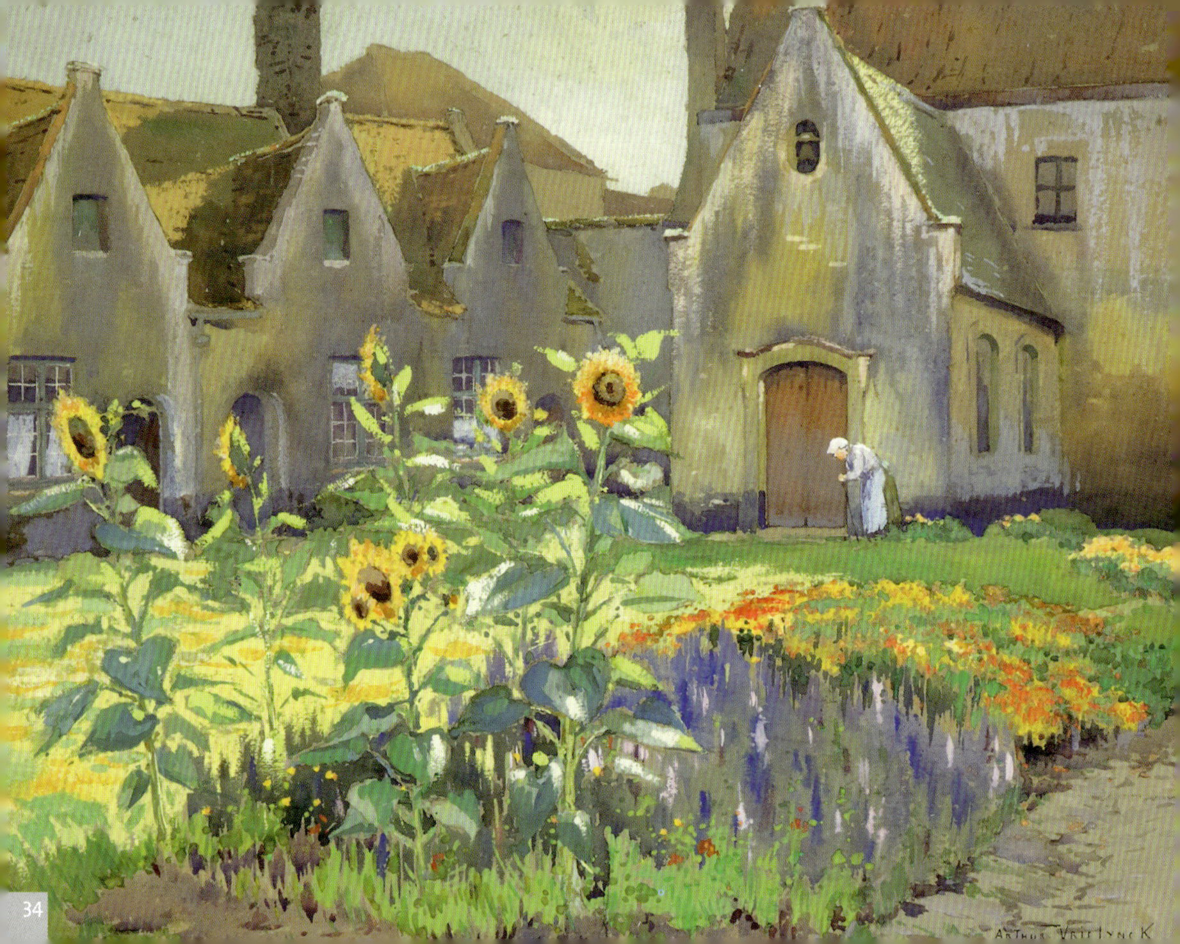
ARTHUR VRIELYNCK

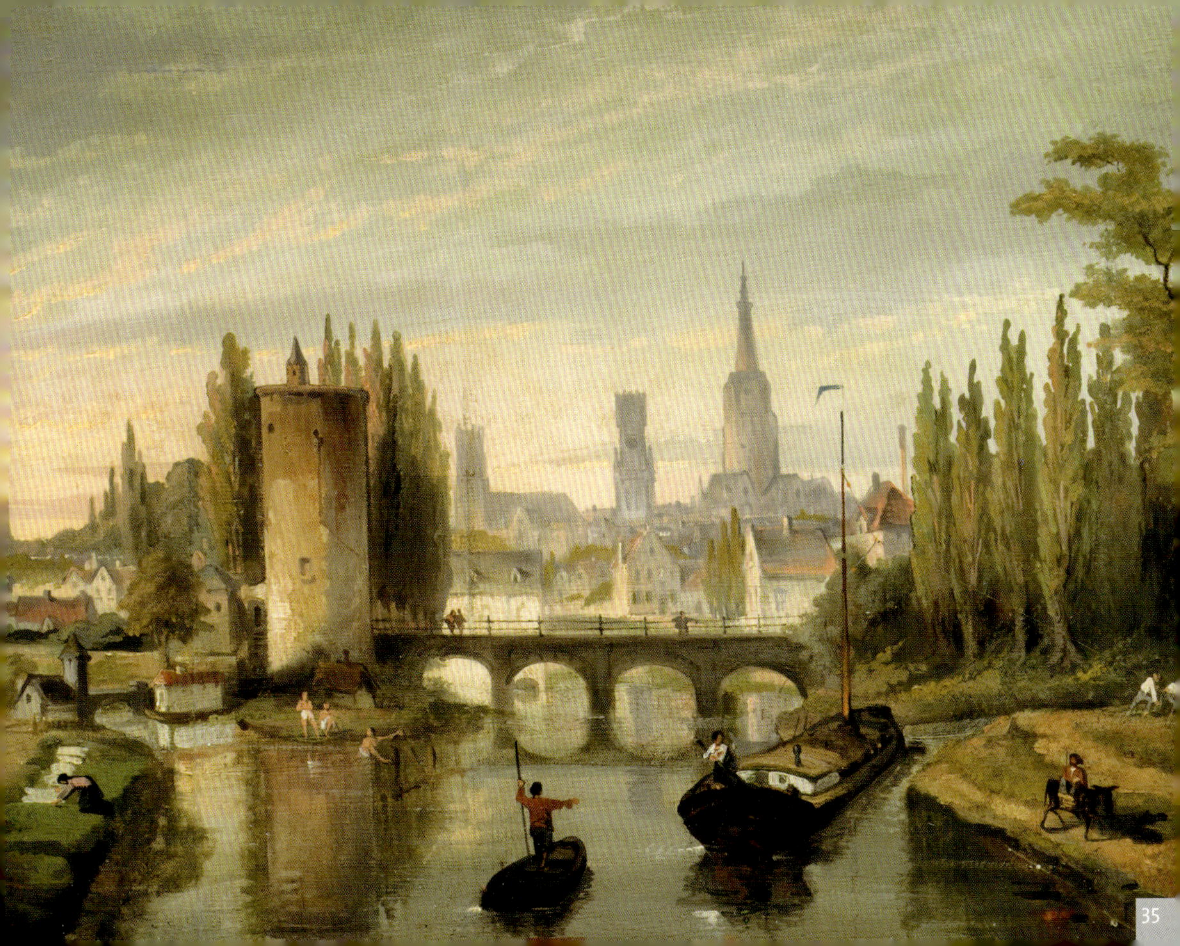

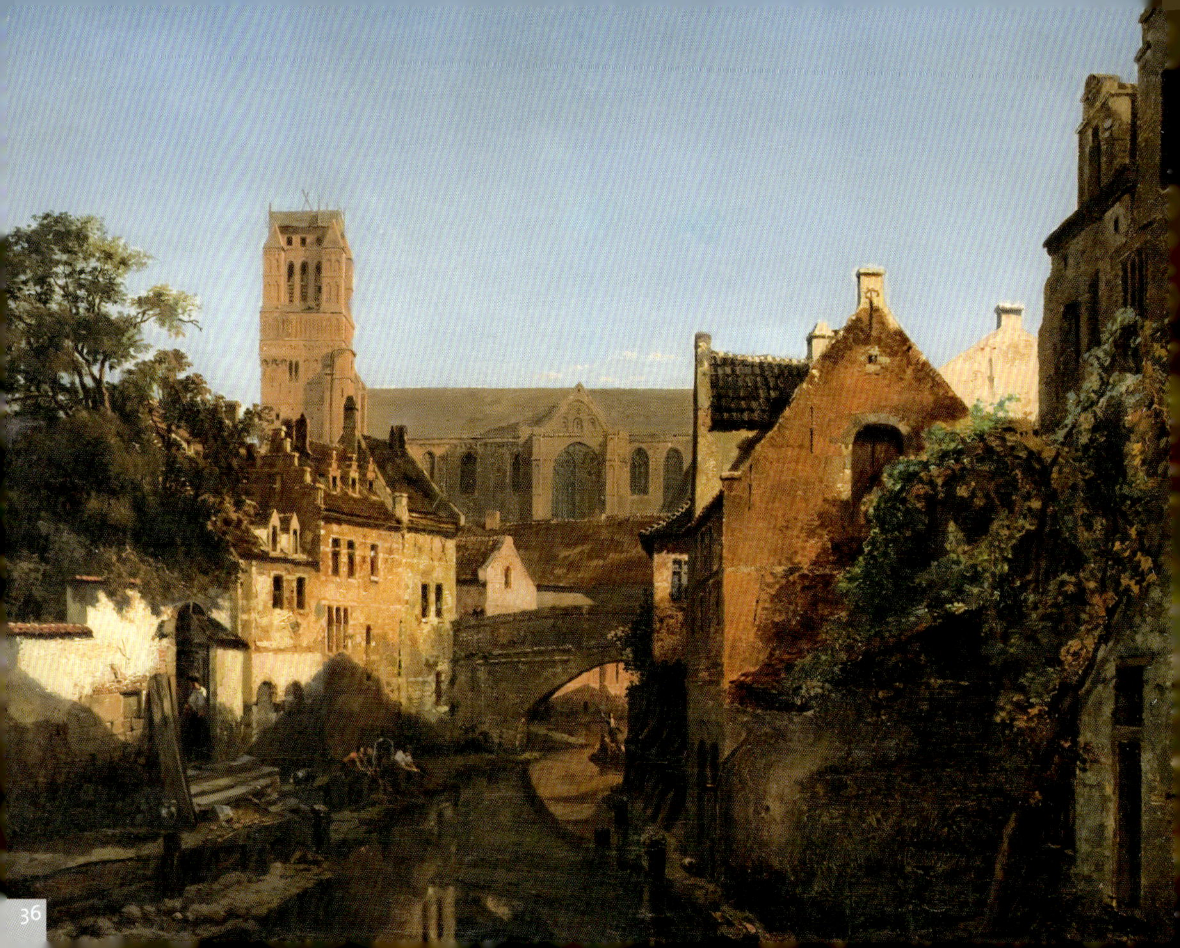

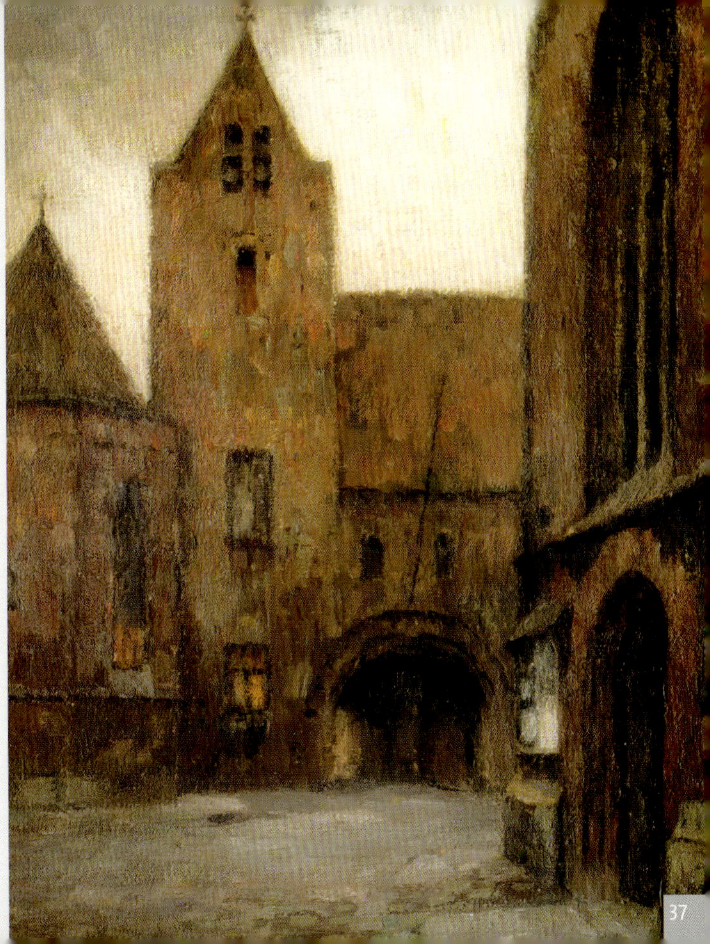

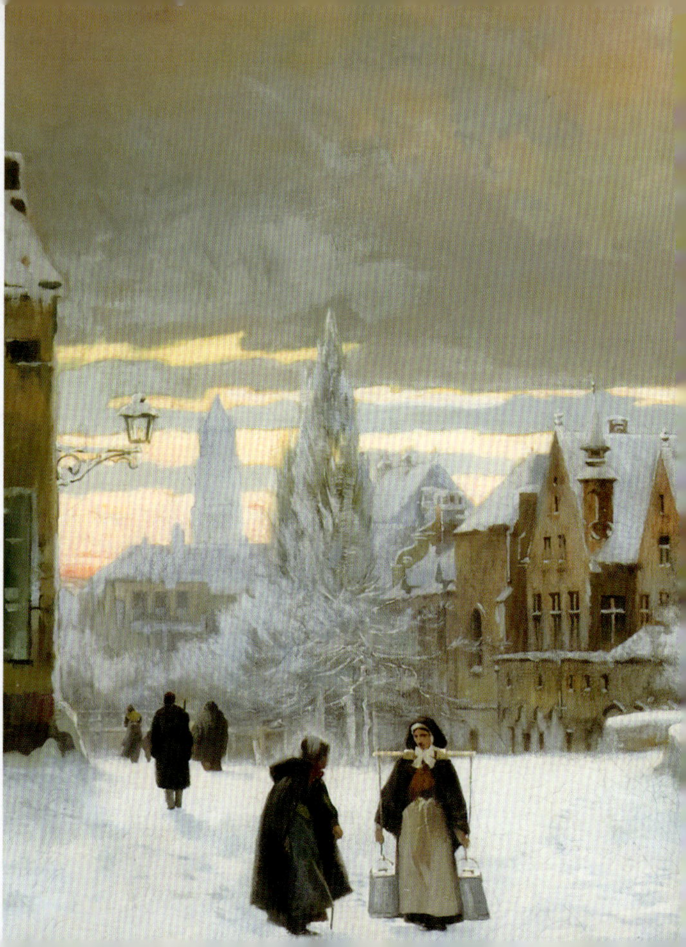

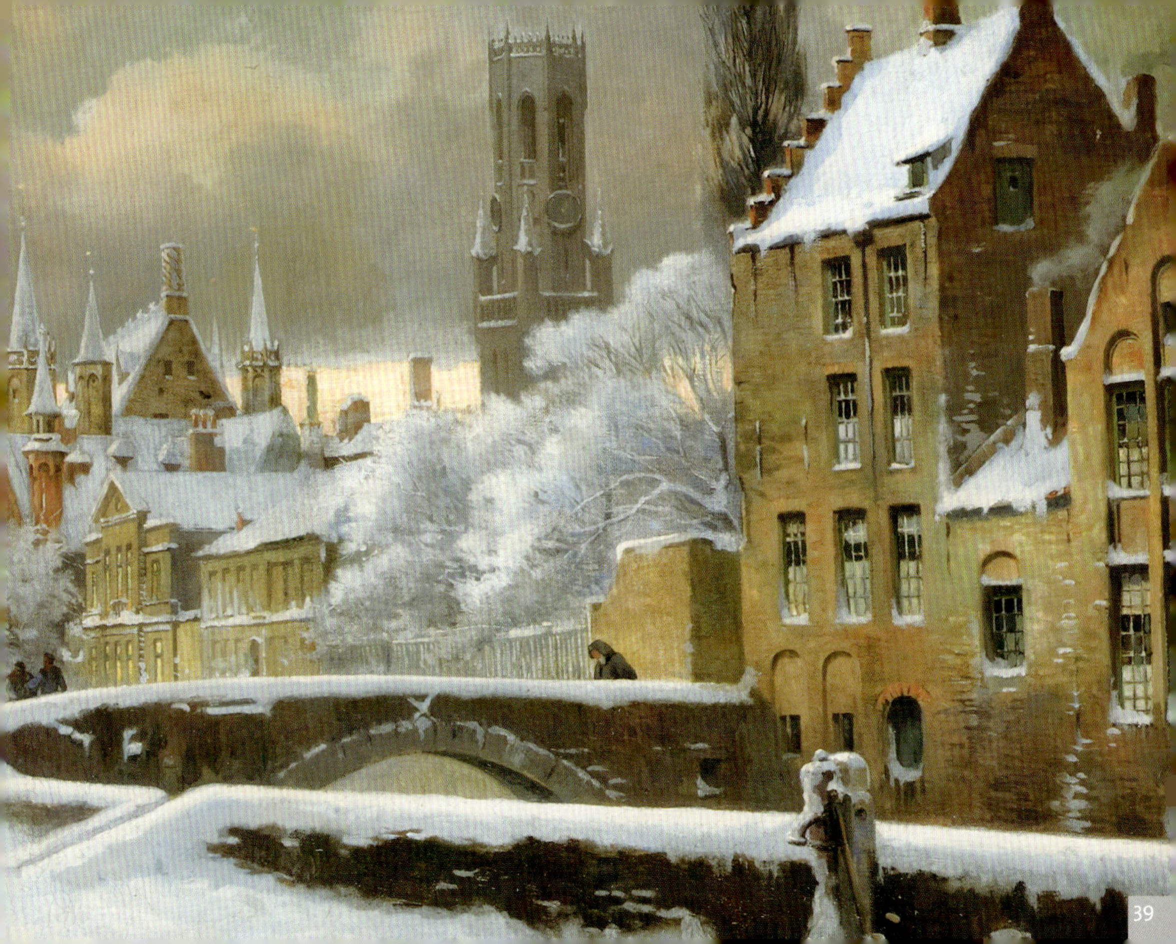

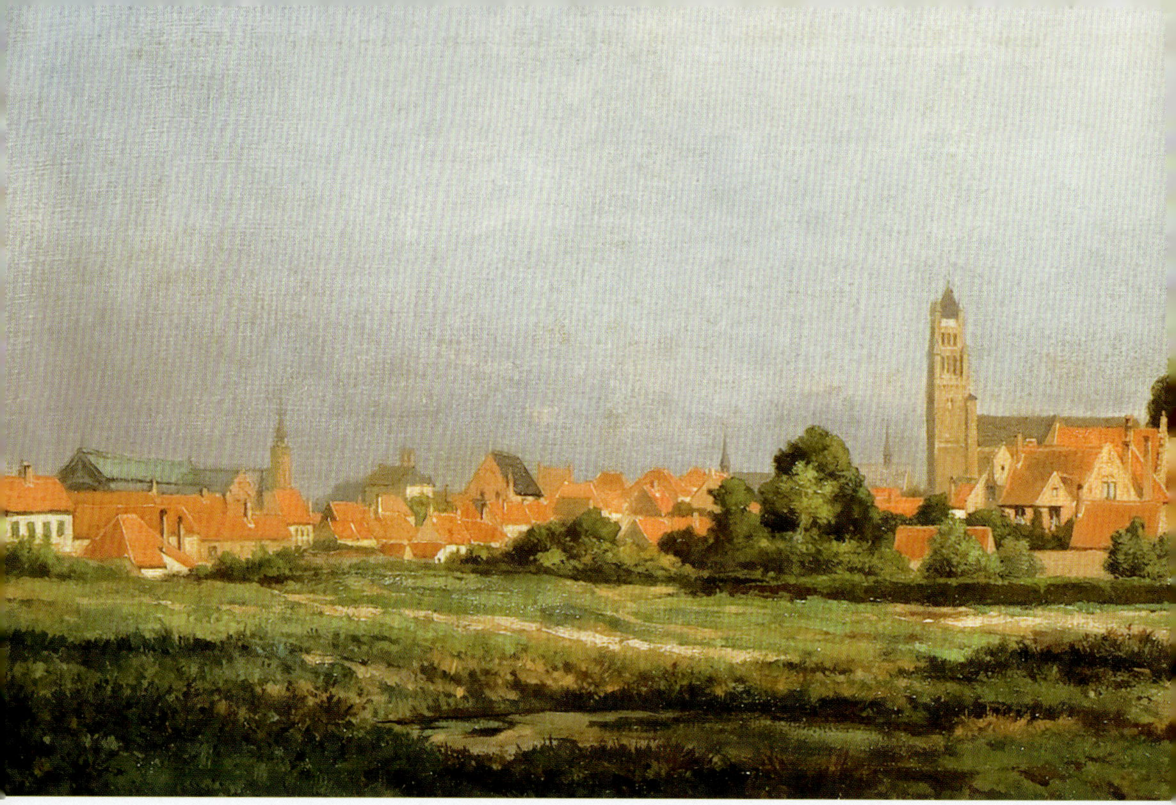

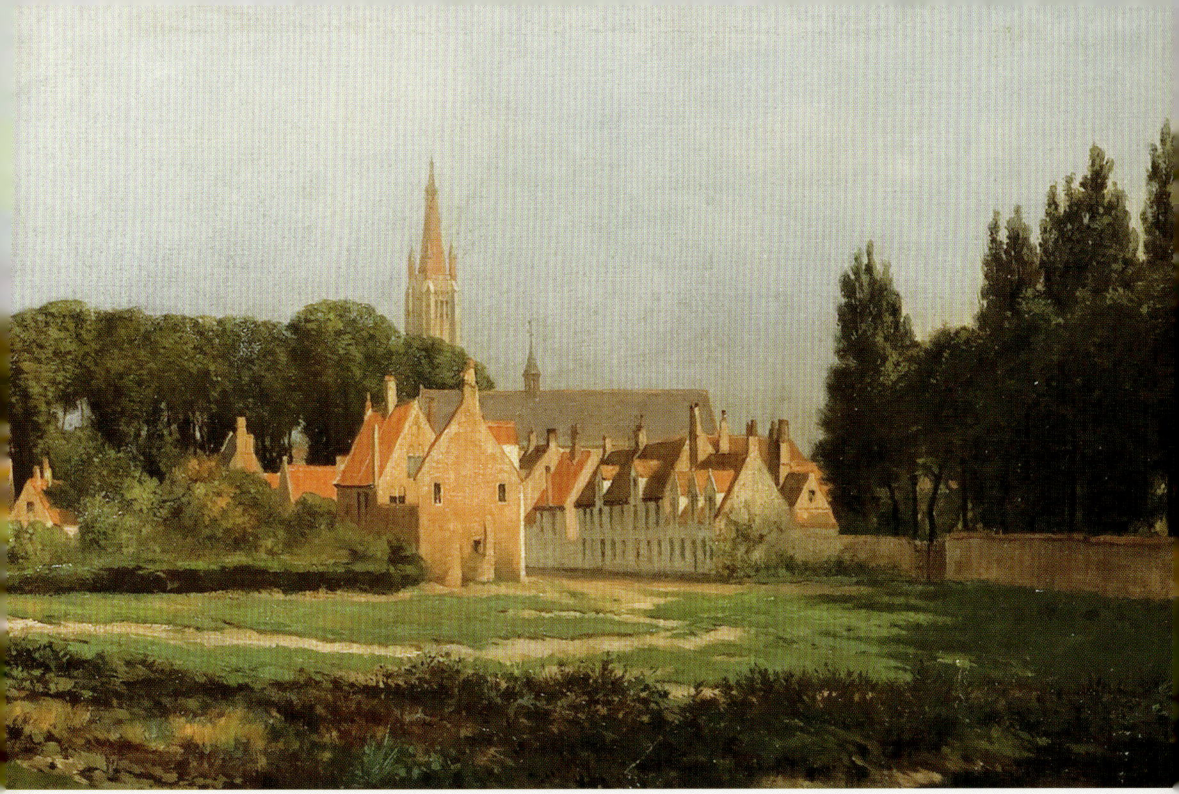

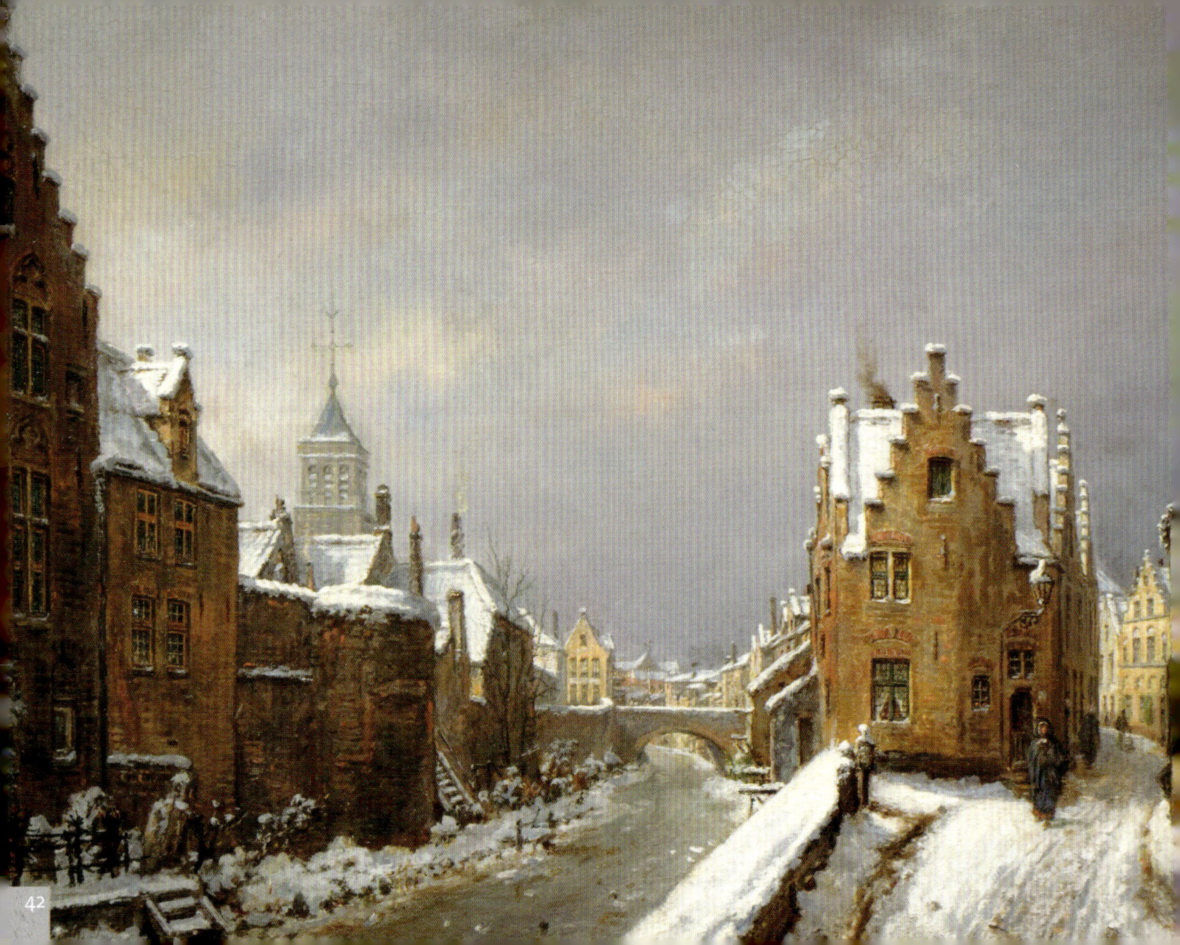

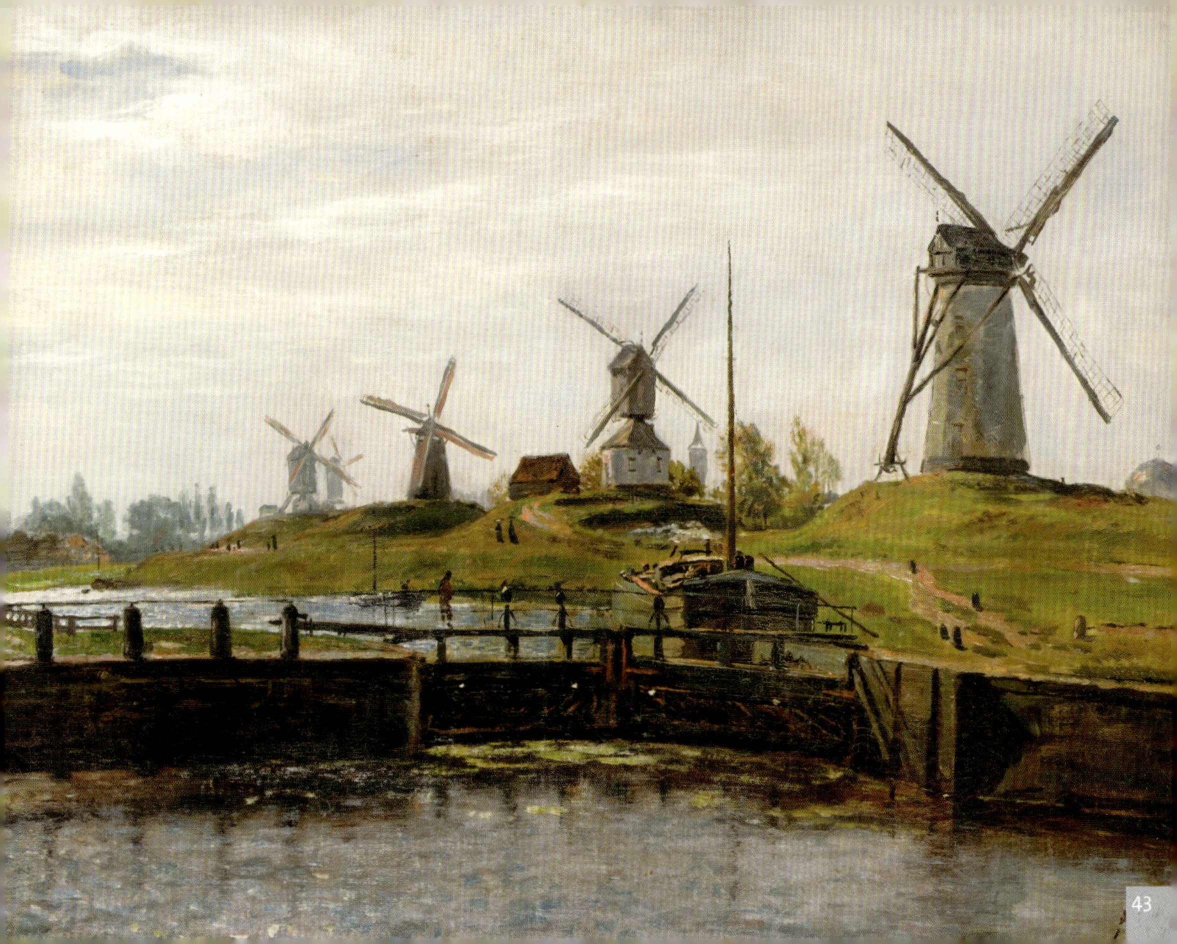

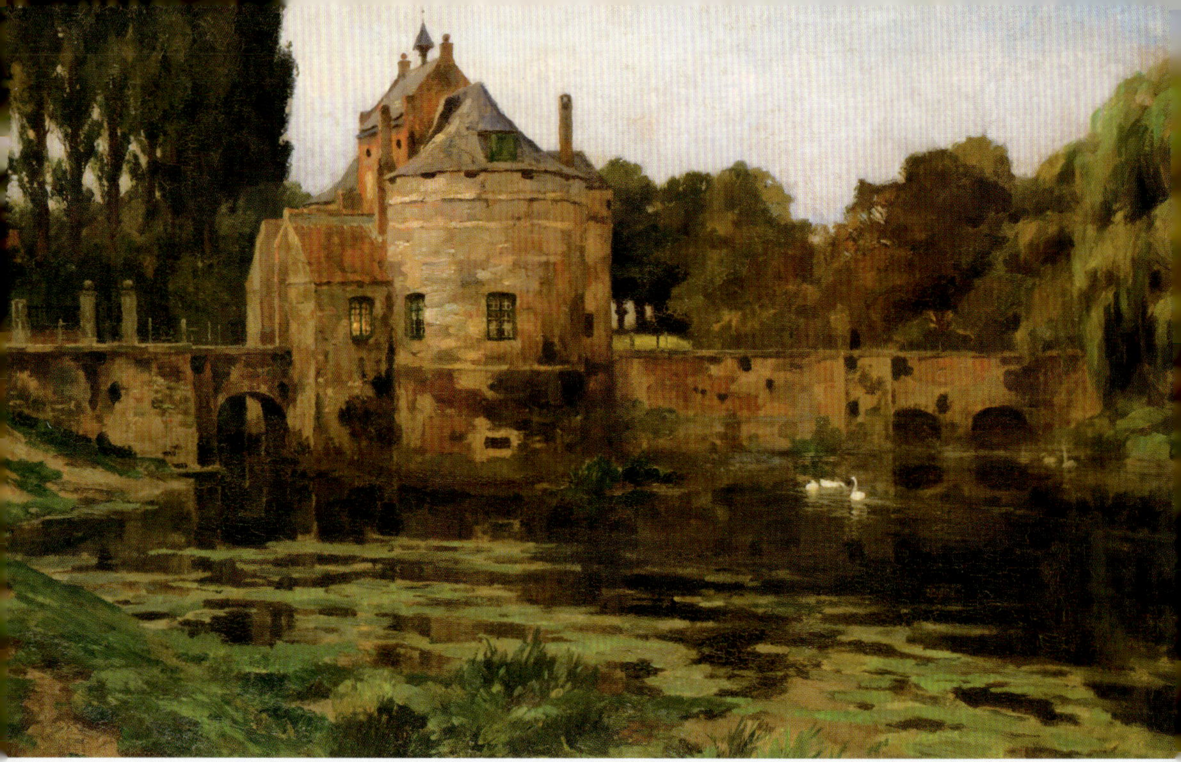

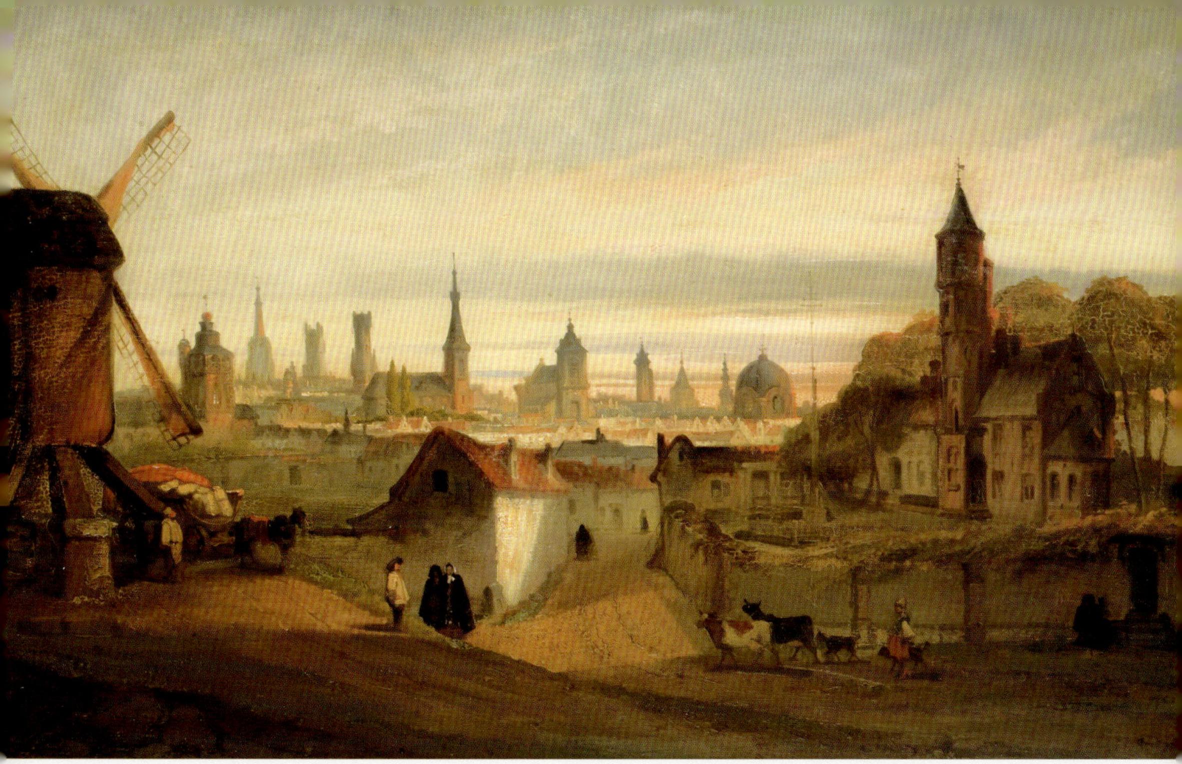

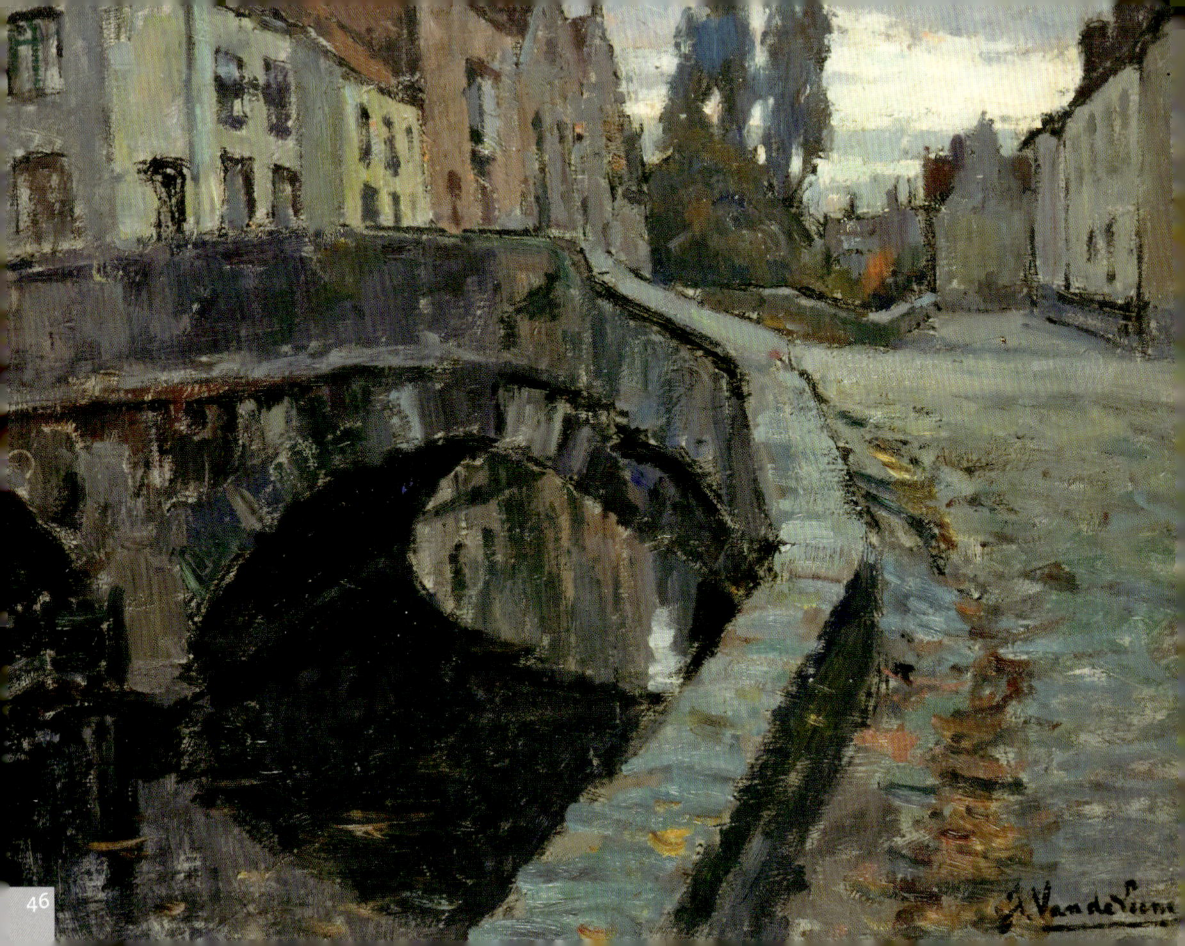

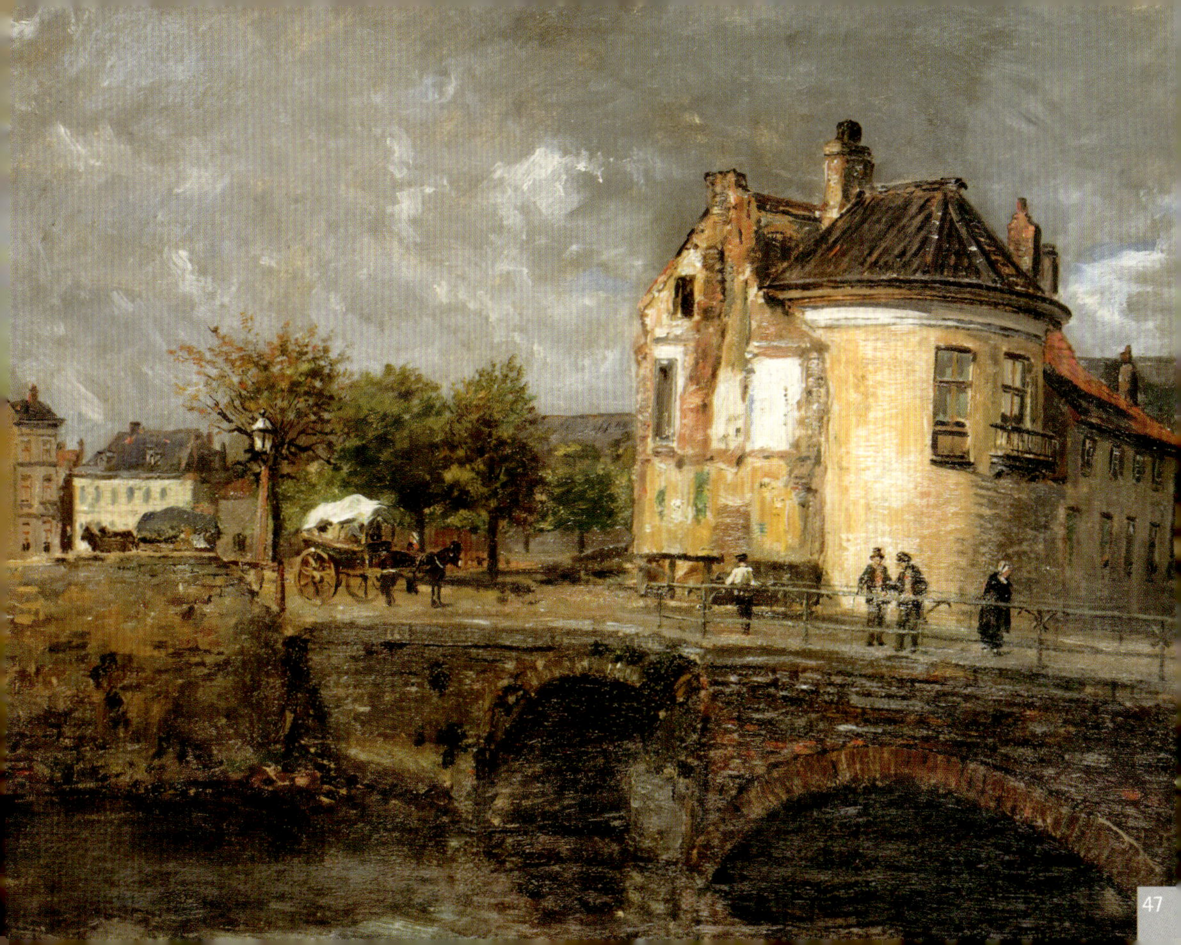

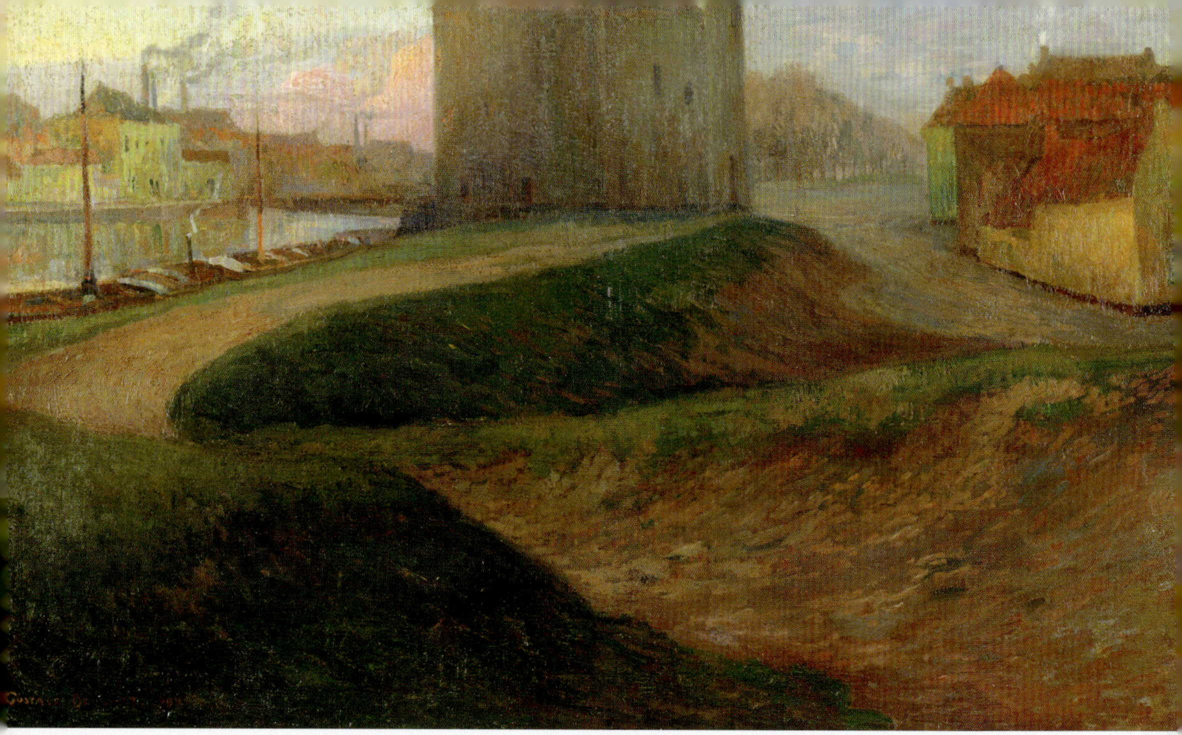

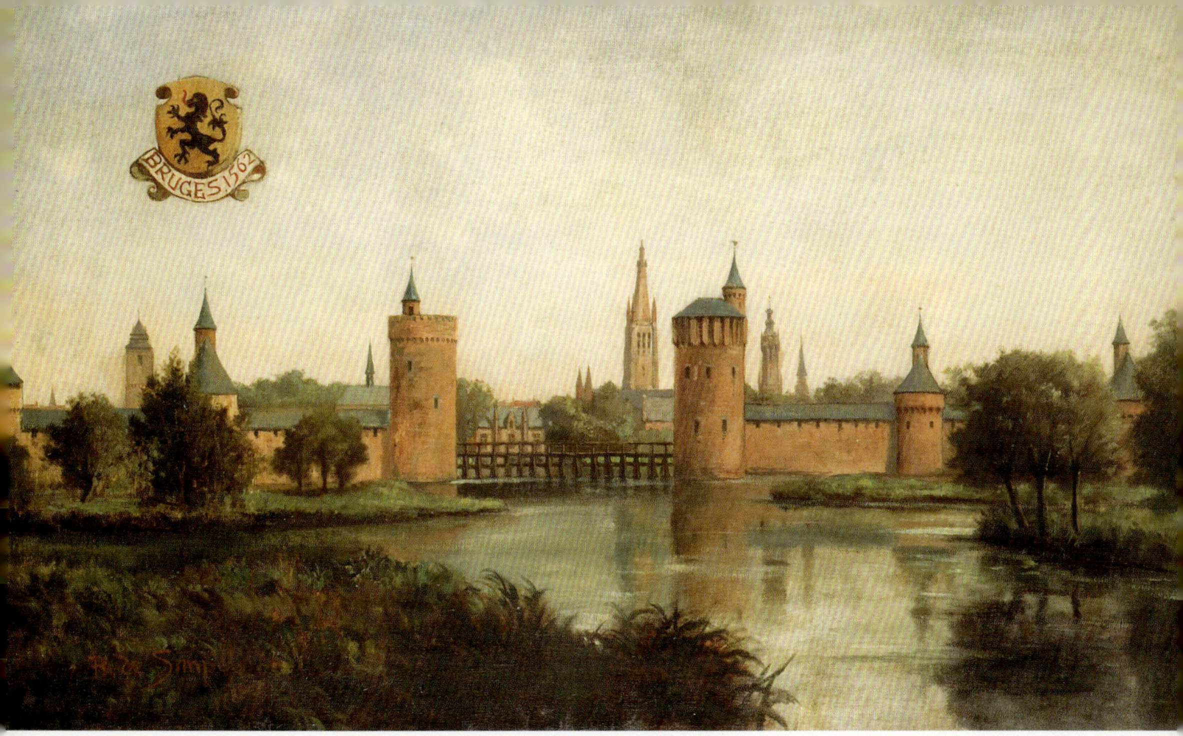
BRUGES 1562

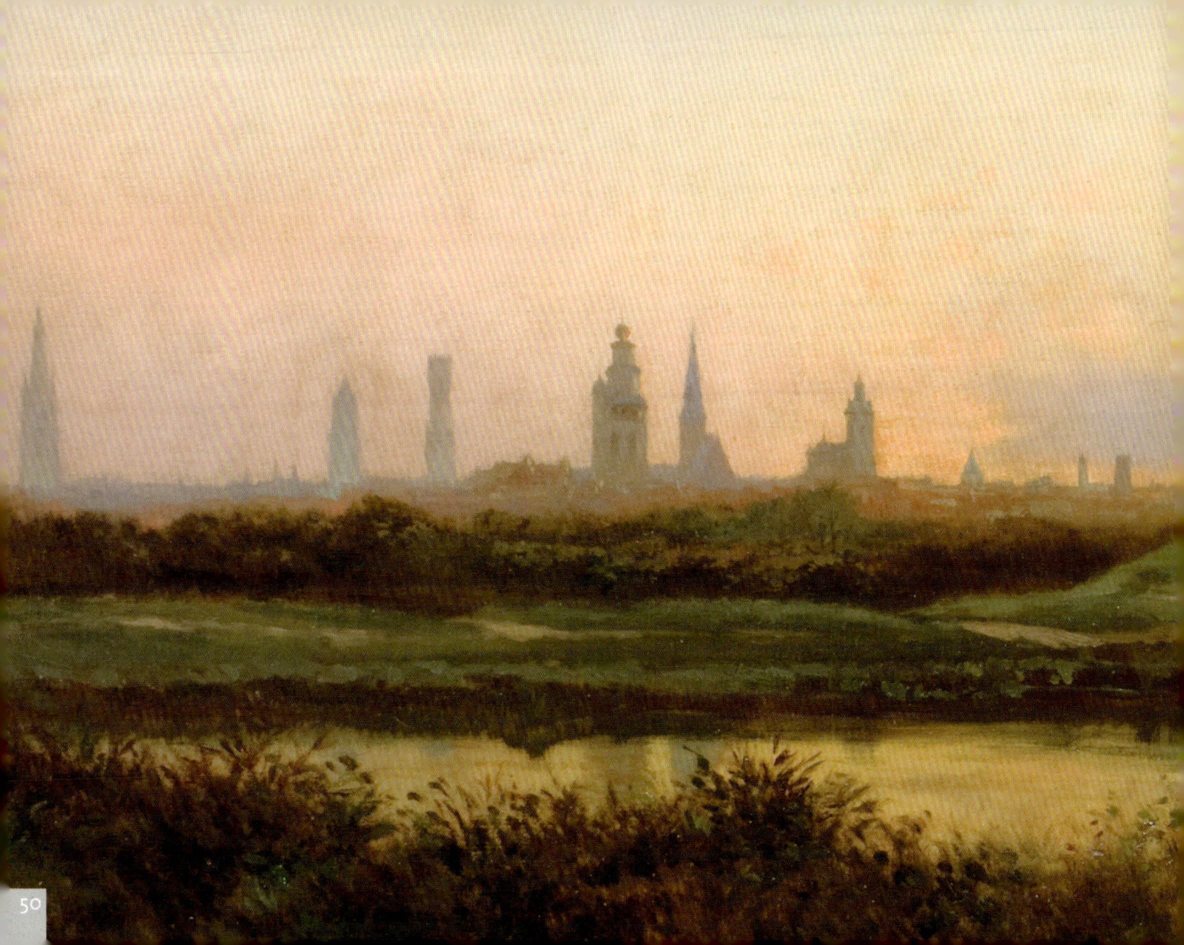

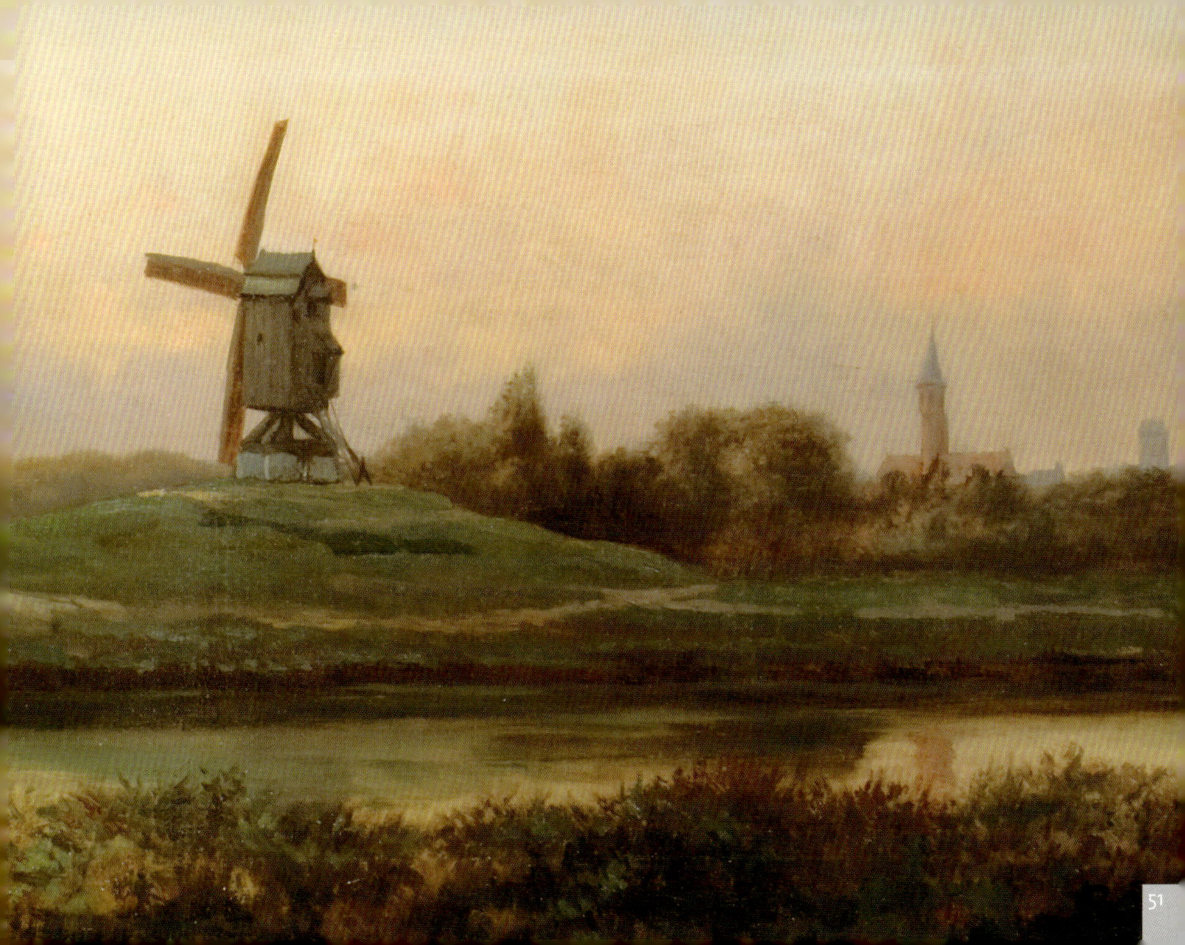

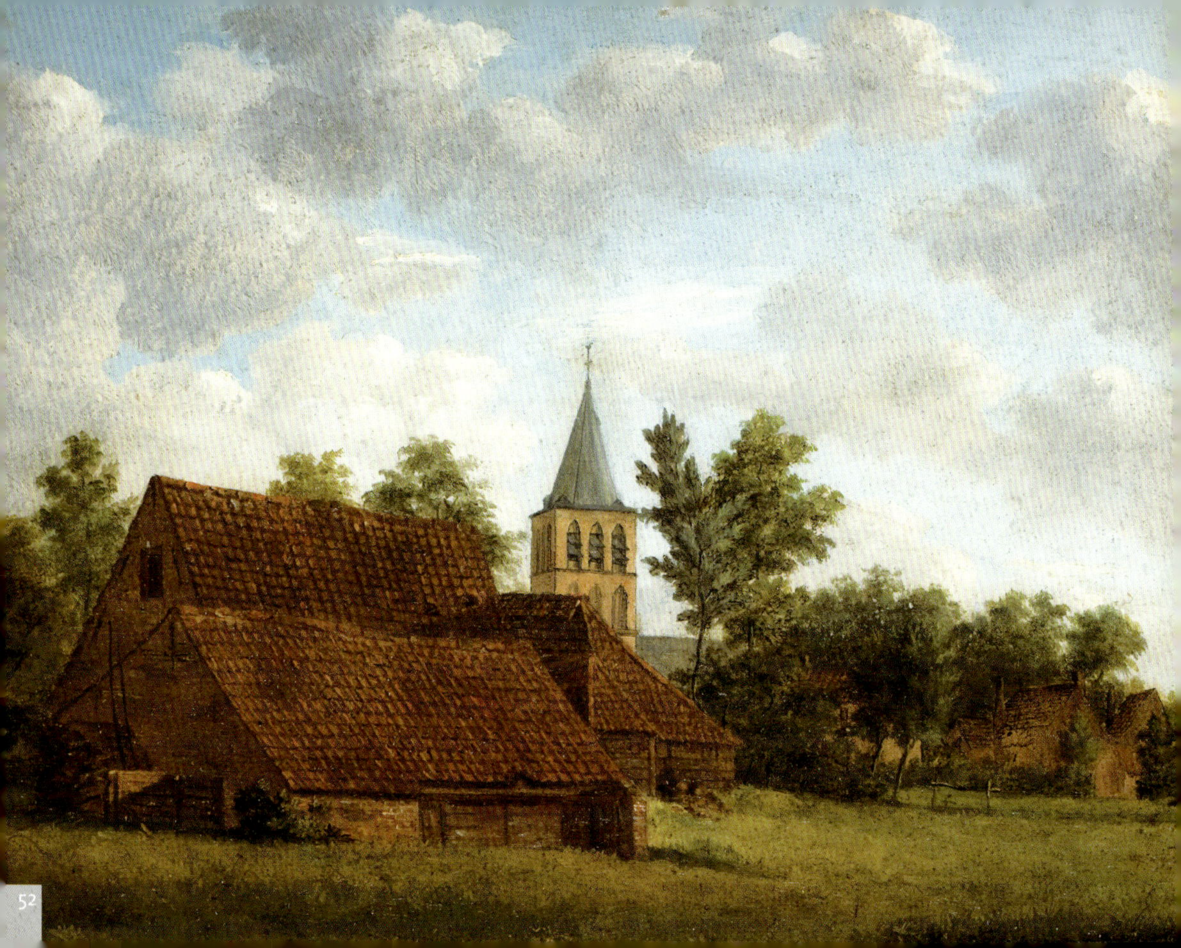

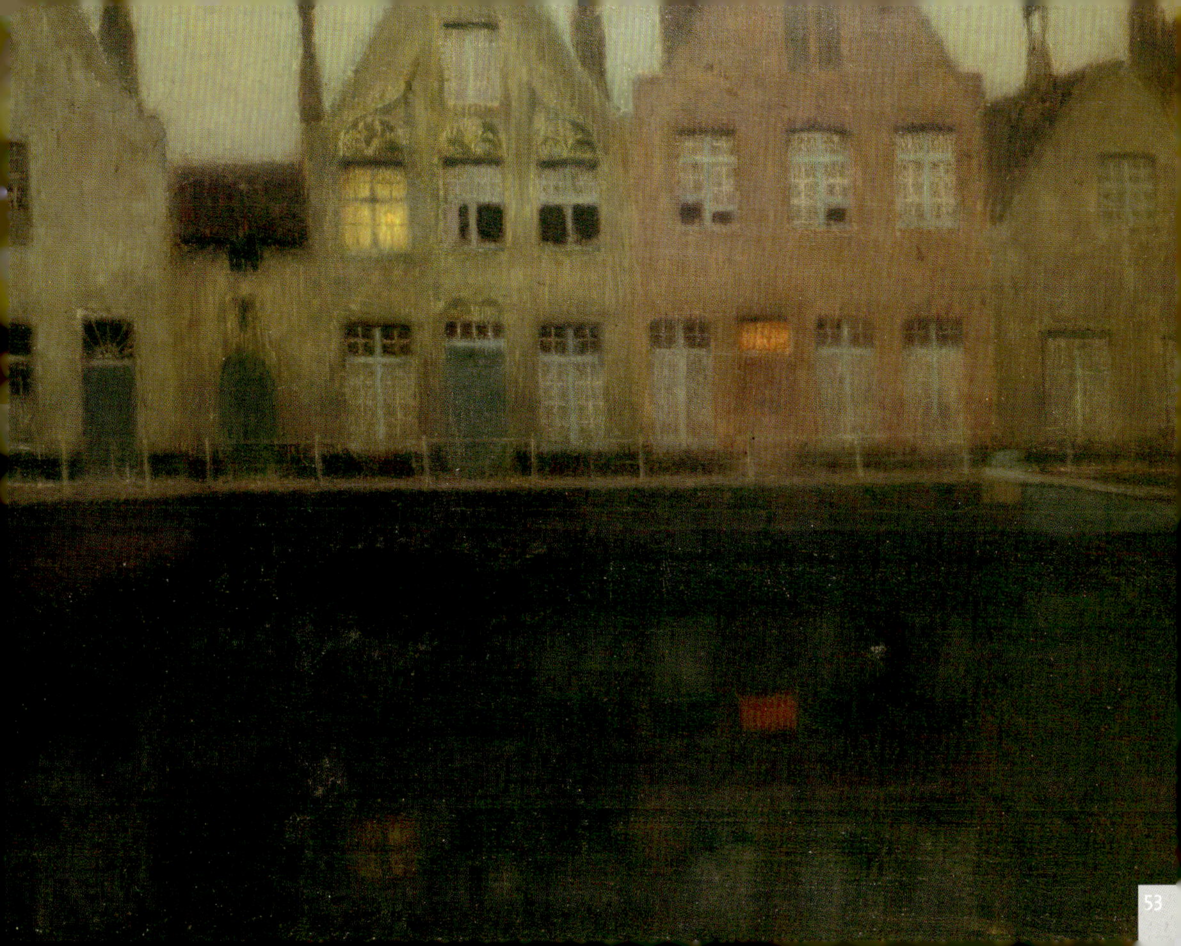

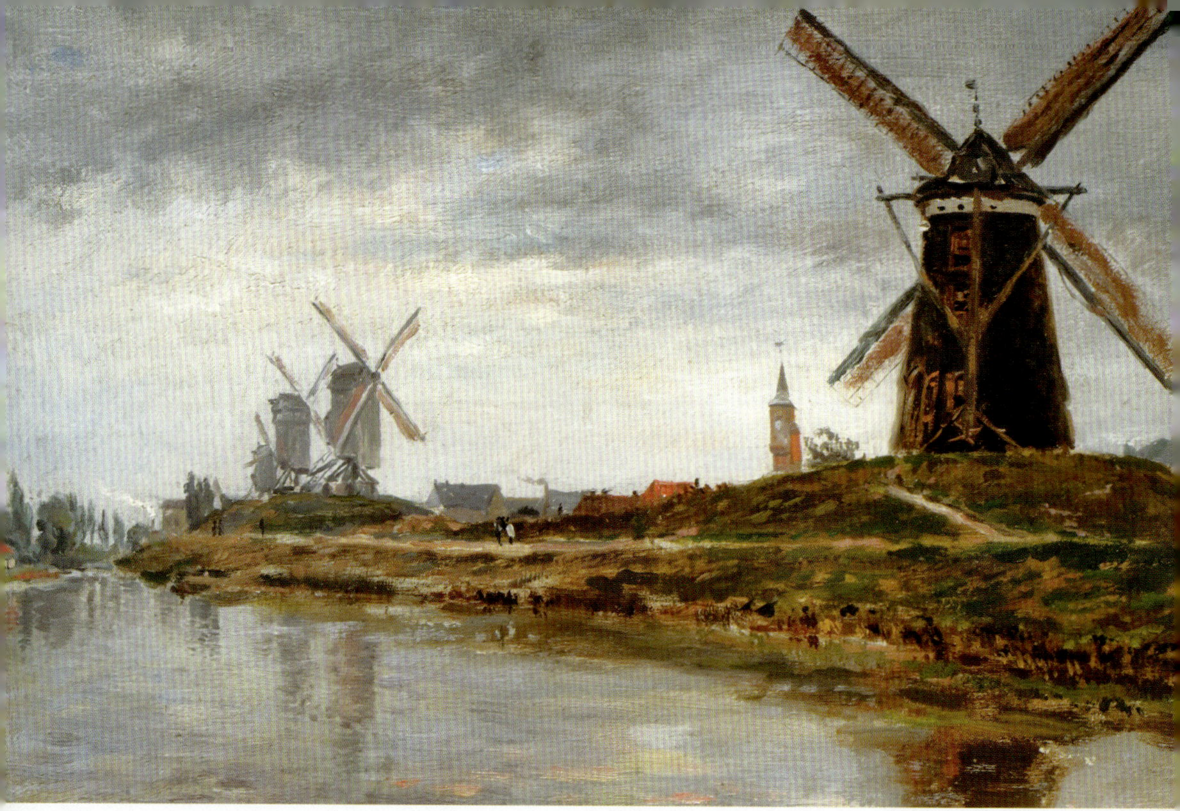

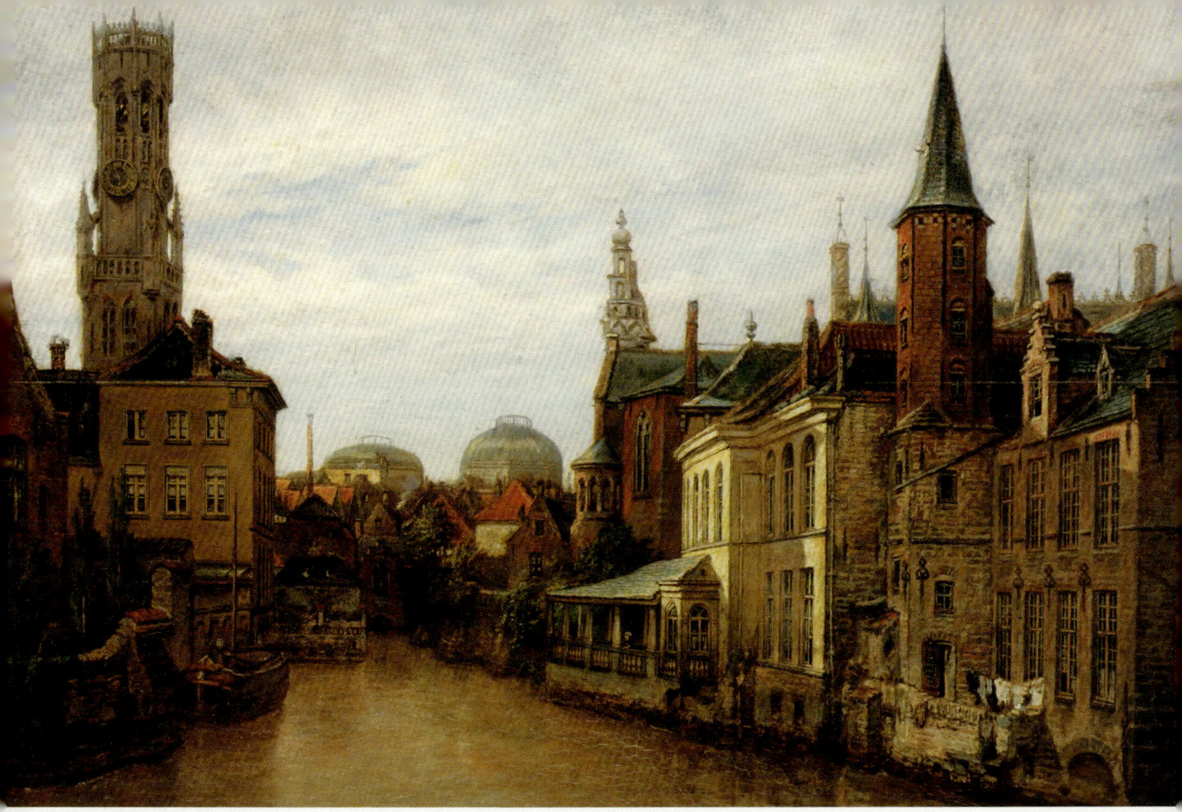

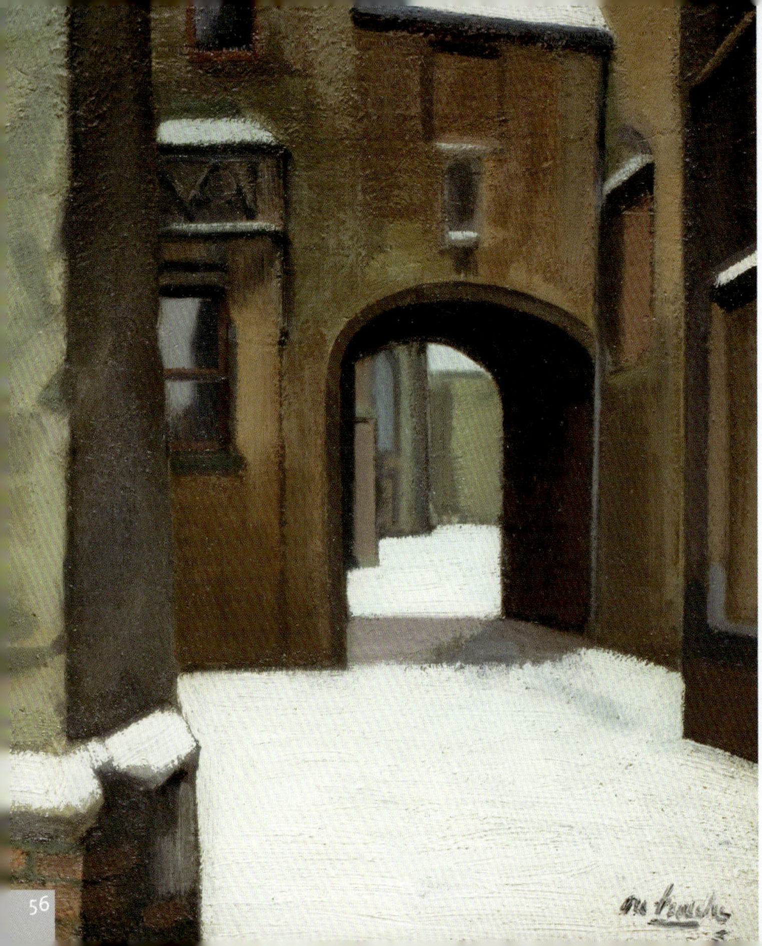

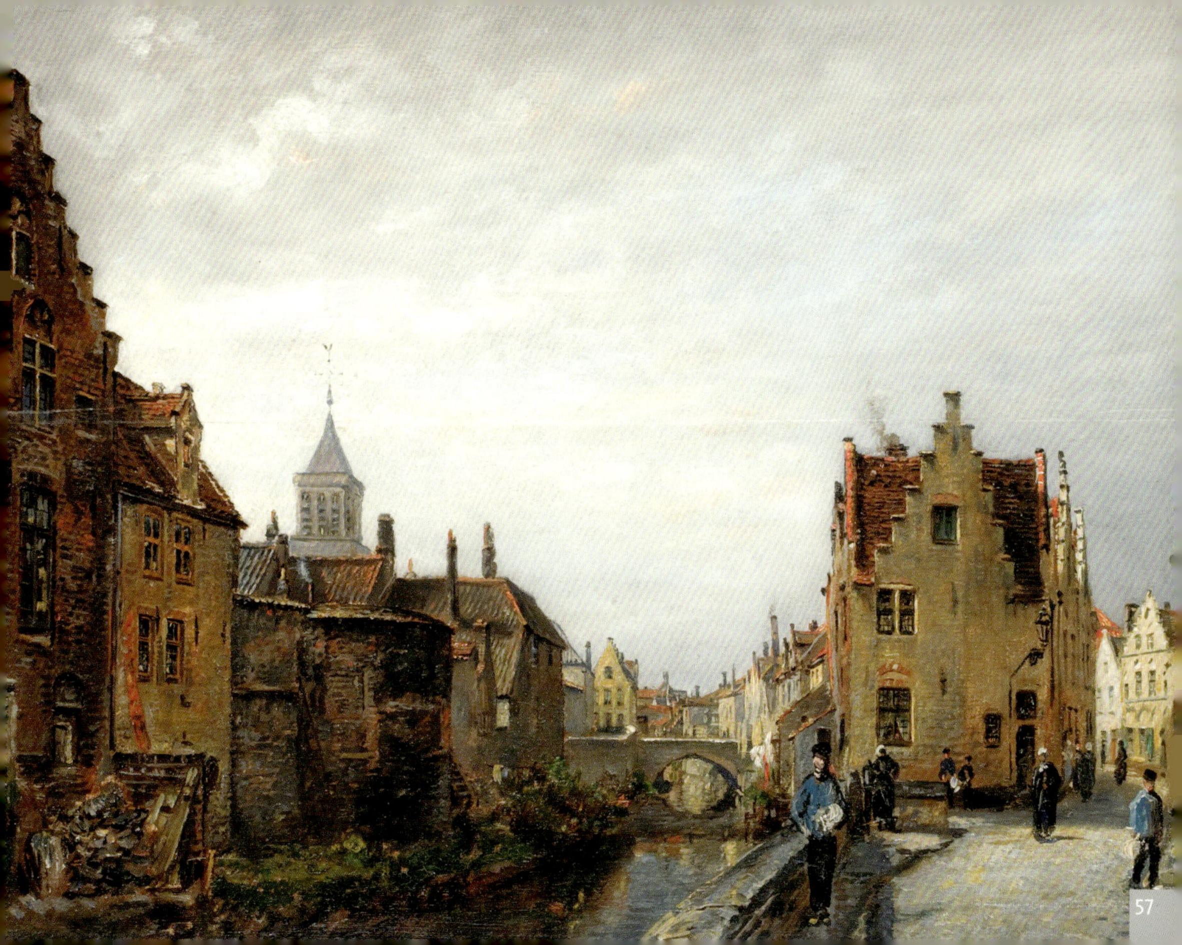

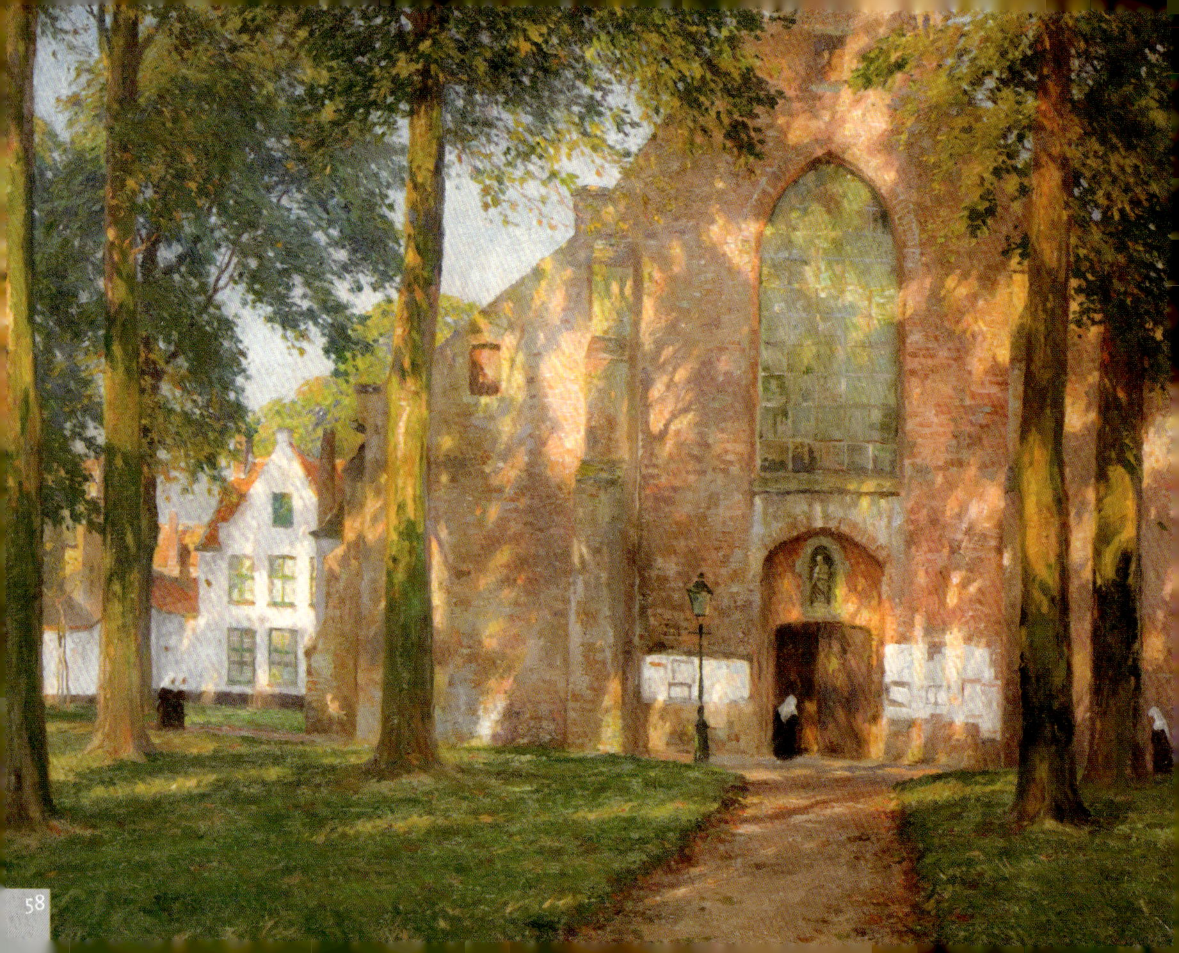

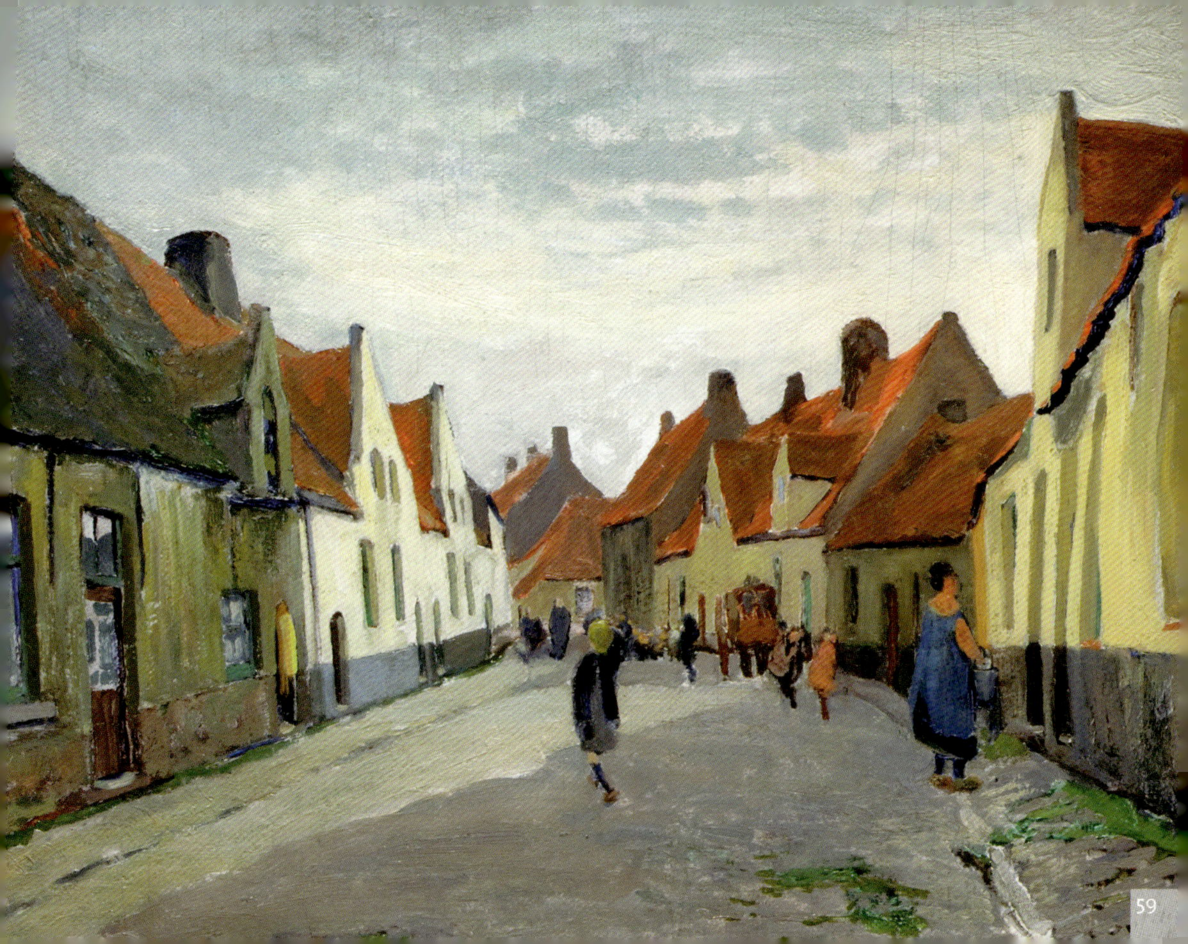

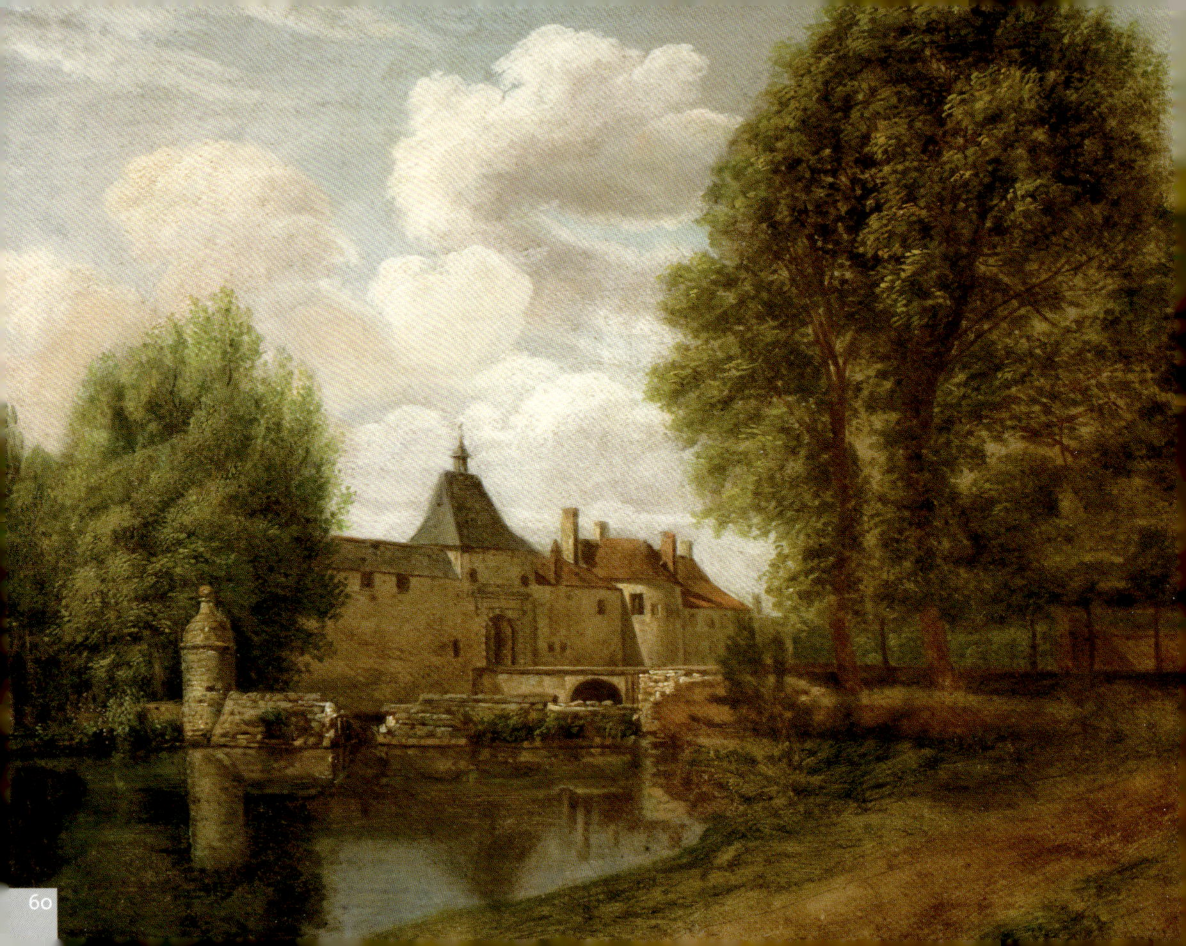

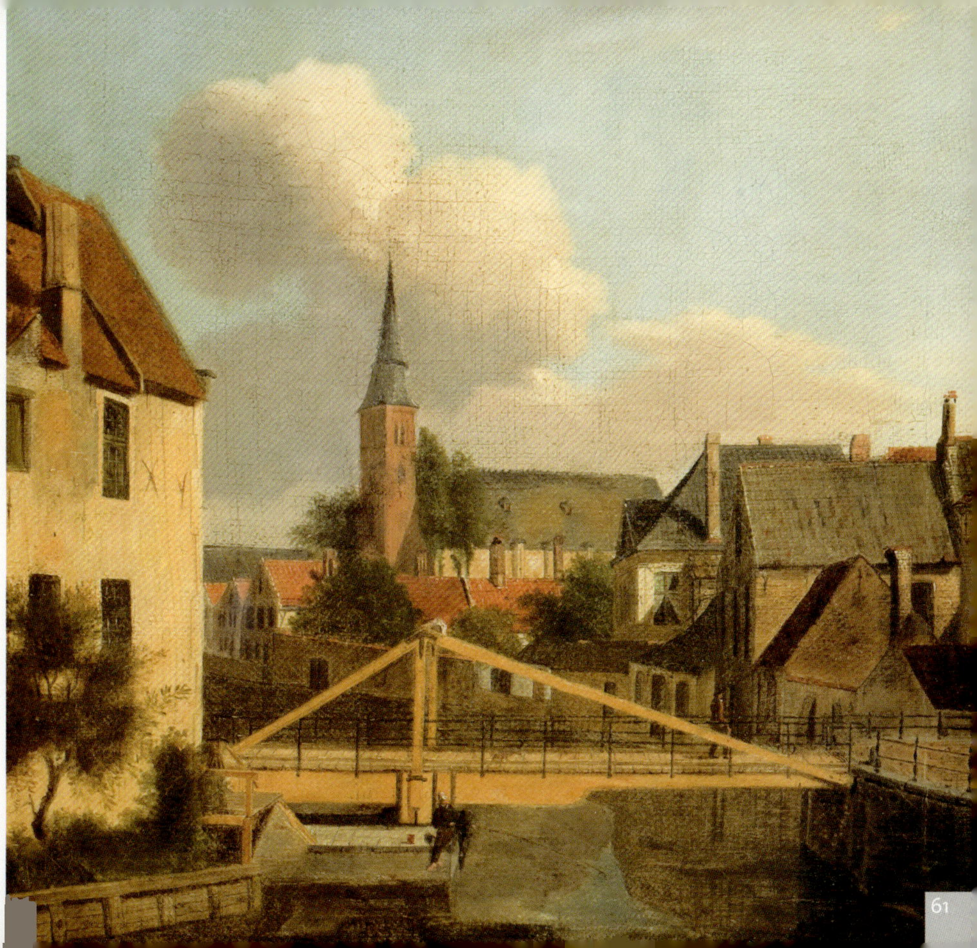

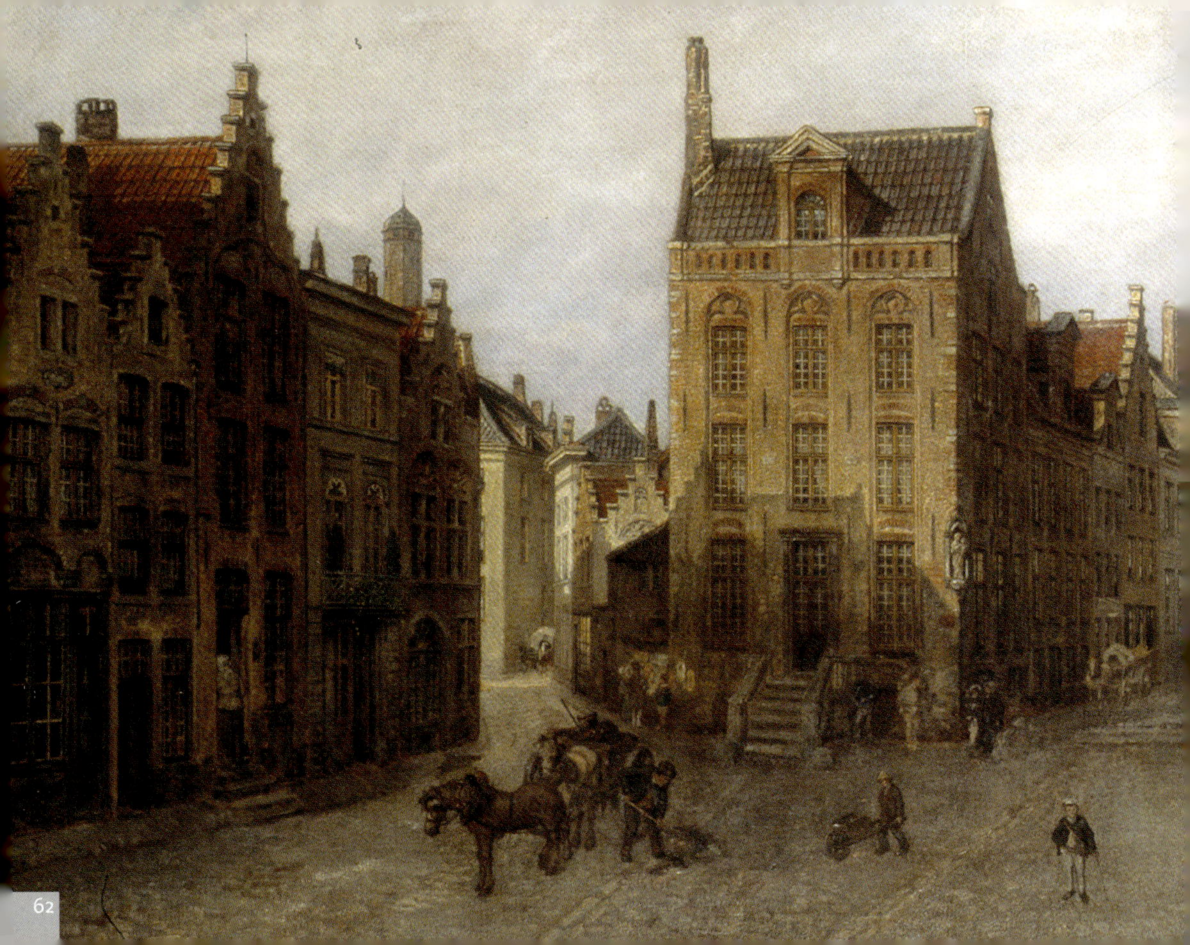

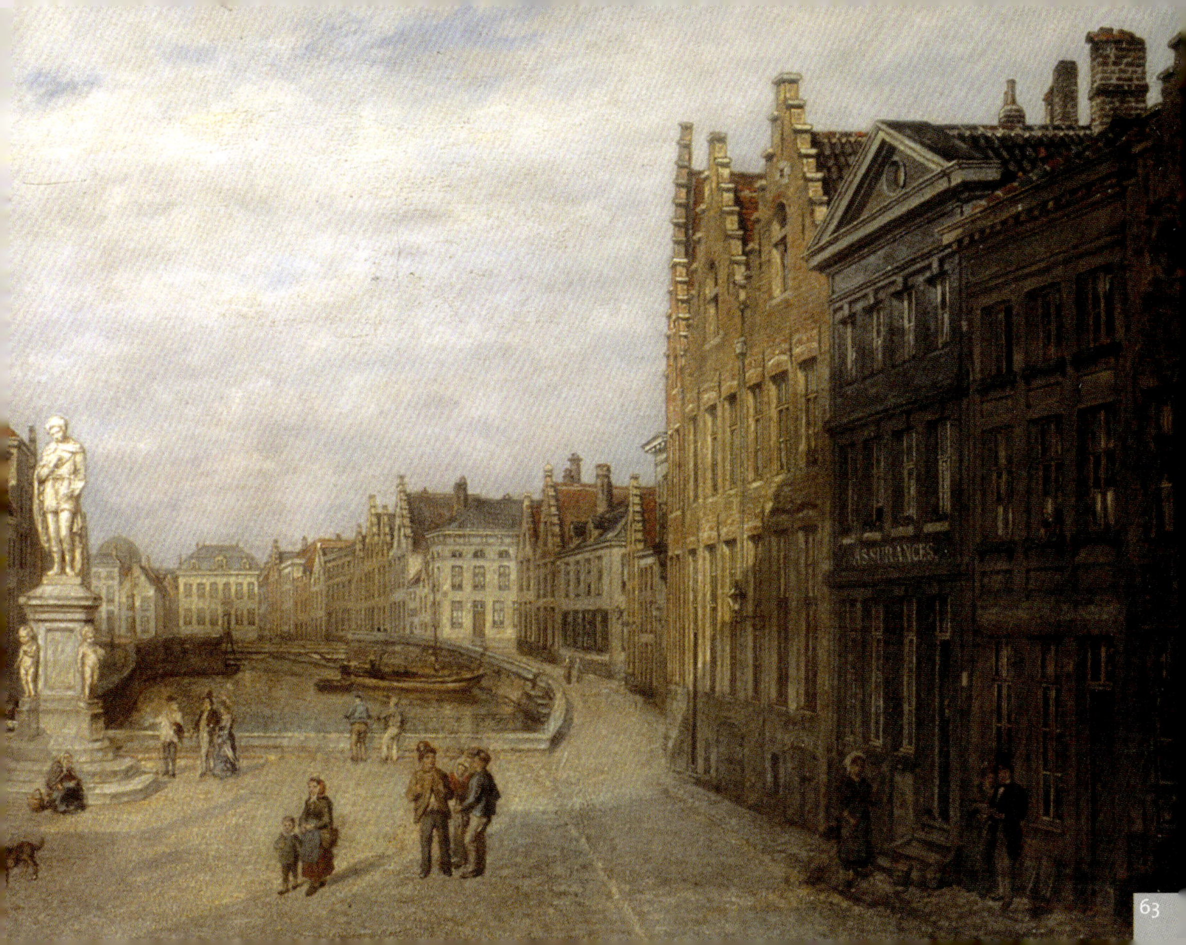
ASSURANCES.

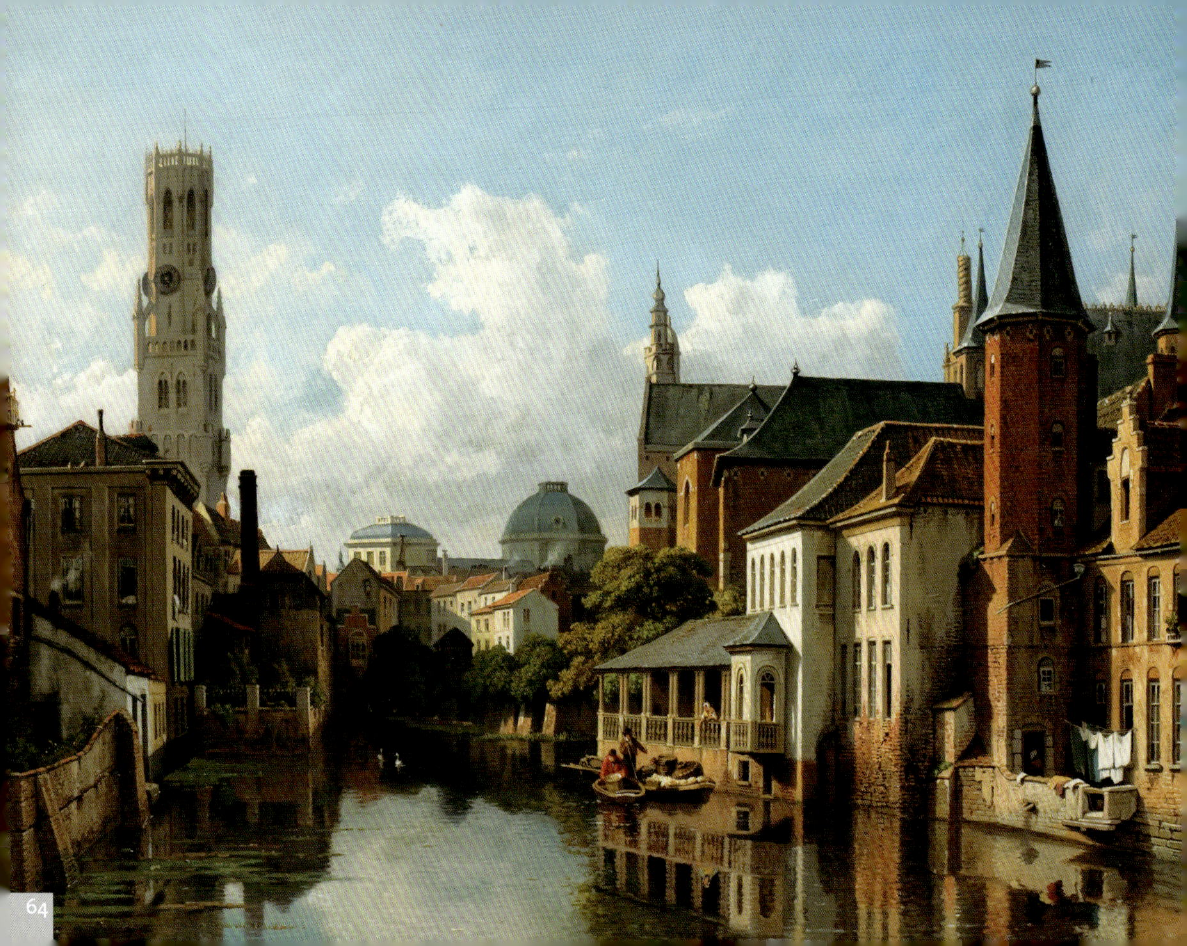

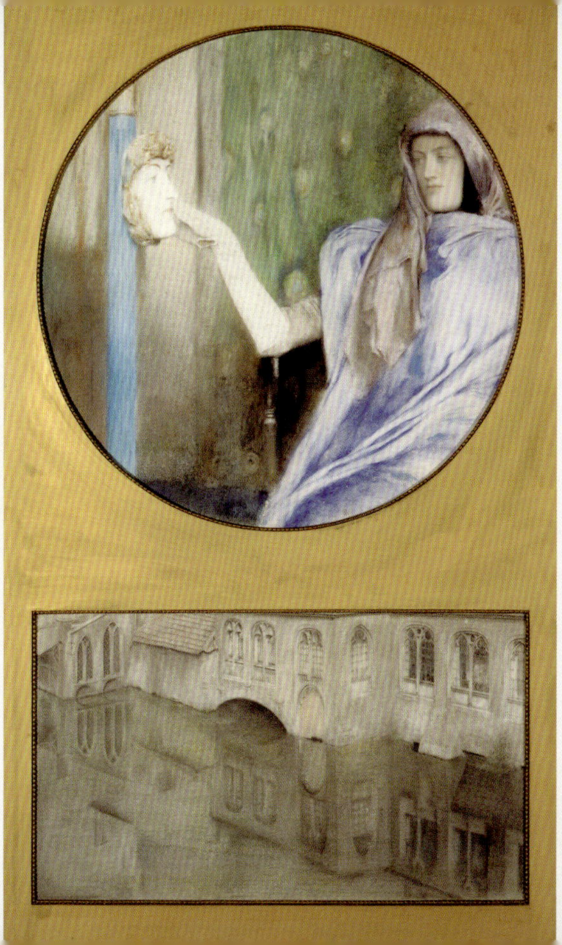

Omslagillustratie:
Illustration de la couverture:
Cover illustration:
ALBERT GOETHALS
De Meebrug in Brugge

Niet gedateerd

2 **MAURITS VAN MIDDEL**
De Begijnhofkerk te Brugge
L'église du béguinage à Bruges
The Beguinage church in Bruges

Ca. 1915

4 **EMILE ROMMELAERE**
Binnenkoer van het godshuis
'De Vierentwintigen'
Cour intérieure de la maison-Dieu
'De Vierentwintigen'
Inner courtyard of the
'De Vierentwintigen' almshouse
1912

8 **JAN VAN DE PUTTE**
De oude Beursplaats
L'ancienne Place de la Bourse
The former Stock Exchange Square

1865

9 **ANONIEM**
Ingang van het Begijnhof
Entrée du Béguinage
Entrance of the Beguinage

Ca. 1820

10 **EMILE ROMMELAERE**
Binnenkoer van een Brugs godshuis
Cour intérieure d'une maison-Dieu brugeoise
Inner courtyard of the Bruges almshouse

Ca. 1873 – 1961

11 **ACHIEL VAN SASSENBROUCK**
De Potterierei in de winter
Potterierei en hiver
Potterierei in winter

Ca. 1900 – 1910

12 **EDOUARD AUGUSTE WALLAYS**
De Pottenmakersrei

Ca. 1813 – 1891

13 **CHARLES VERBRUGGHE**
De Meebrug in Brugge

Ca. 1900 – 1936

14 **ALBERT BAERTSOEN**
De Speelmansrei in Brugge

1895

15 **LEO MECHELAERE**
Gezicht op de bidkapel van het Gruuthusepaleis
Vue de l'oratoire du Palais Gruuthuse
View of the chapel of the Gruuthuse

Niet gedateerd

16 **BRUNO DE SIMPEL**
Gezicht op Brugge, Kruisvest
La Kruisvest avec le panorama de la ville
Kruisvest with panorama of the city

Na 1864

18 **LEO MECHELAERE**
De Korte Ropeerdstraat te Brugge

1920

19 **LOUIS RECKELBUS**
Het Rooms Convent in Brugge

1902

20 **ANONIEM**
Het Walplein

Ca. 1858 – 1871

21 **ACHILLES HENNION**
De Augustijnenbrug in Brugge

Ca. 1900 – 1946

22 **EMILE ROMMELAERE**
Achtertuintjes in Brugge
Jardins à Bruges
Impoverished district in Bruges

1924

23 **EDOUARD AUGUSTE WALLAYS**
Het Brugse Vrije vanop de Steenhouwersdijk
Brugse Vrije vu de la Steenhouwersdijk
Brugse Vrije seen from the Steenhouwersdijk

Ca. 1813 – 1891

24 **ANTOON JOOSTENS**
De Oosterlingenplaats

Niet gedateerd

25 **JULES DANLOS**
Smedenpoort

Niet gedateerd

26 **LAMBERT NOOS**
De Sint-Gilliskerk in Brugge

1825

27 **KAREL SIMONS**
De Peerdenbrug in Brugge

Ca. 1903 – 1927

28 **D. VAN WAESTEN**
Het Oosterlingenplein in Brugge

Ca. 1850

29 **EUGÈNE CHARLES LEGENDRE**
Het Brugse Vrije

Ca. 1850 – 1871

30 **LOUIS RECKELBUS**
Het Arentshuis in Brugge tijdens de herfst
Hof Arents en automne
Hof Arents in the autumn

1924

31 **JOSEPH MIDDELEER**
De Rolweg in Brugge

Ca. 1865 – 1939

32 **BRUNO DE SIMPEL**
Molens
Moulins
Mills

1877

33 **ANONIEM**
Brugs stadsgezicht in de sneeuw
Vue de Bruges sous la neige
View of Bruges in the snow

Niet gedateerd

34 **ARTHUR VRIELYNCK**
Het Godshuis met de 24 bloemen
Maison-Dieu aux 24 fleurs
Almshouse with the 24 flowers

Ca. 1877 – 1918

35 **EDOUARD AUGUSTE WALLAYS**
Minnewater met de Poertoren in Brugge
Le Minnewater avec la Poertoren
Minnewater with Poertoren

1860

36 **JEAN-BAPTISTE VAN MOER**
De Sint-Salvatorskerk in Brugge gezien vanop de Begijnhofbrug
Sint-Salvatorskerk à Bruges vue du Pont du Béguinage
Sint-Salvatorskerk in Bruges seen from the Beguinage bridge

1850

37 **ACHILLES HENNION**
Het portaal van het Sint-Janshospitaal
Le portail de l'ancien hôpital Saint Jean
The porch of Saint-John's hospital

Ca. 1930

38 **FLORI VAN ACKER**
Meebrug onder de sneeuw
Meebrug sous la neige
Meebrug in the snow

Ca. 1858 – 1940

40 **BRUNO DE SIMPEL**
Gezicht op Brugge vanuit de Begijnenvest
Panorama de la ville depuis la Begijnenvest
Panorama of the city seen from Begijnenvest

1886

42 **ANTOON JOOSTENS**
De Pottenmakersrei in de winter
Pottenmakersrei en hiver
Pottenmakersrei in winter

1885

43 **ANTOON JOOSTENS**
Molens op de Kruisvest met de Potterierei
Moulins de la Kruisvest avec la Potterierei
Mills in Kruisvest with Potterierei

Ca. 1875

44 **VICTOR GILSOUL**
De Smedenpoort in Brugge

1905

45 **EDWARD WALLAYS**
Panorama van de stad, gezien van op de Kruisvest
Panorama de la ville, vue depuis la Kruisvest
Panoramic view of the city, seen from the Kruisvest

1880

46 **JULES VAN DE LEENE**
De Vlamingbrug

1919

47 **ANTOON JOOSTENS**
De Dampoort in Brugge

Ca. 1850 – 1899

48 **GUSTAVE DE SMET**
Brugge de dode, Brugge de levende
Bruges la morte, Bruges la vivante
Bruges the death, Bruges the living

1904

49 **BRUNO DE SIMPEL**
De Minnebrug en het Stadspanorama d.d. 1562
Le pont "Minnebrug" et panorama de la ville datant de 1562
The "Minnebrug" bridge and panoramic view of the city dd 1562

1888

50 **BRUNO DE SIMPEL**
Gezicht op Brugge vanuit de Kruisvest
La Kruisvest avec le panorama de la ville
Kruisvest with panorama of the city

19de eeuw

52 **LAMBERT NOOS**
De Sint-Gilliskerk in Brugge

Ca. 1825

53 **HENRI EUGÈNE LE SIDANER**
De kaai
Le quai
The quay

1898

54 **ANTOON JOOSTENS**
De Rozenhoedkaai in Brugge

Ca. 1875

55 **ANTOON JOOSTENS**
De Kruisvest in Brugge

Ca. 1875

56 **GASTON FRANK DE CRAECKE**
Bidtribune van Gruuthuse
Tribune de Gruuthuse
Oratorium of the Gruuthuse

Niet gedateerd

57 **ANTOON JOOSTENS**
De Pottenmakersrei

Ca. 1880

58 **EMMANUEL VIÉRIN**
Het Begijnhof in Brugge
Béguinage à Bruges
Beguinage in Bruges

1911

59 **JOSEPH NEUTENS**
De Rolweg in Brugge

1874 tot 1965

60 **ANONIEM**
De Dampoort in Brugge

Tweede helft 19de eeuw

61 **ANONIEM**
De Molenbrug in Brugge

Ca. 1850-1899

62 **ANTOON JOOSTENS**
Het Jan van Eyckplein in Brugge

1865

64 **FRANÇOIS ANTOINE BOSSUET**
De Rozenhoedkaai in Brugge

1875

65 **FERNAND KHNOPFF**
Secret-Reflet

1875

COLOFON / COLOPHON

Tekst / Texte / Text : Bruggemuseum
Vertaling / Traduction / Translation: Home Office, Boechout
Vormgeving / Mise en pages / Graphic design: Zoe©k nv / Brugge, Oostkamp
Druk / Impression / Printing: De Windroos, Beernem
Fotografie / Photographie / Photography: Dirk Van Der Borght en Jan Termont, Stad Brugge

Eerste druk / Première édition / First edition: 2008
Tweede druk / Seconde édition / Second edition: 2013

D/2013/2353/1
NUR 646
ISBN 978 90 77203 05 7

UWG
Uitgaven West-Vlaamse Gidsenkring Brugge

BRUGGE
WERELDERFGOEDSTAD

Musea Brugge

bruggemuseum